Edouard Naville

Das ägyptische Todtenbuch der XVIII. bis XX. Dynastie

Edouard Naville

Das ägyptische Todtenbuch der XVIII. bis XX. Dynastie

ISBN/EAN: 9783743382381

Hergestellt in Europa, USA, Kanada, Australien, Japan

Cover: Foto ©ninafisch / pixelio.de

Manufactured and distributed by brebook publishing software (www.brebook.com)

Edouard Naville

Das ägyptische Todtenbuch der XVIII. bis XX. Dynastie

DAS
AEGYPTISCHE TODTENBUCH
DER XVIII. BIS XX. DYNASTIE

AUS VERSCHIEDENEN URKUNDEN

ZUSAMMENGESTELLT UND HERAUSGEGEBEN

VON

EDOUARD NAVILLE

MIT UNTERSTÜTZUNG DES KÖNIGLICH PREUSSISCHEN MINISTERIUMS DER
GEISTLICHEN, UNTERRICHTS- UND MEDICINAL-ANGELEGENHEITEN

EINLEITUNG

BERLIN
VERLAG VON A. ASHER & Co.
1886

VORWORT.

Nach Vollendung dieser Arbeit, die mich länger als zehn Jahre beschäftigt hat, drängt es mich, allen denjenigen, welche mich bei der Ausführung derselben in irgend einer Weise unterstützt haben, meinen Dank auszusprechen.

Zunächst gedenke ich meines verehrten Lehrers, des Herrn Professor LEPSIUS, der auf dem Orientalistencongresse zu London den Vorschlag machte, diese Aufgabe, deren Ausführung er zuerst ins Auge gefafst hatte, mir zu übertragen und der mit seinem Rathe und seinem grofsen Wissen mir beständig ermutigend und helfend zur Seite gestanden hat. Noch wenige Tage vor seinem Tode richtete er vom Krankenlager aus mit zitternder Hand einige Zeilen an mich, in denen er mich zur Erreichung meines Zieles beglückwünschte. Seiner Fürsprache verdanke ich die wirksame Unterstützung, welche mir die Berliner Akademie für die Vorarbeiten gewährt hat. Zugleich richtete er an das Königlich Preufsische Ministerium der geistlichen, Unterrichts- und Medicinal-Angelegenheiten das Gesuch, die Veröffentlichung des Werkes zu erleichtern. Diese Hohe Behörde hat dem Gesuche geneigtest gewillfahrt und in liberaler Weise dem Todtenbuche die Theilnahme bewiesen, welche sie auf den verschiedensten Gebieten allem, was zur Förderung der Wissenschaft beitragen kann, entgegenbringt. Dank dieser Gunst haben die vorliegenden Bände erscheinen können.

LEPSIUS, welcher das Unternehmen eingeleitet hatte, war nicht mehr; aber Herr Professor DILLMANN ist gütigst an seine Stelle getreten und hat, unterstützt durch das Ansehen, dessen sich sein Name in der wissenschaftlichen Welt erfreut, in der erfolgreichsten Weise die für die Publikation nothwendigen Schritte gethan.

Mit Bedauern muſs ich auch der beiden Mitglieder des 1875 gegründeten Comités gedenken, der Herren CHABAS und BIRCH. Keiner von beiden hat die Arbeit gesehen, deren Grundlagen sie gebilligt und deren Wichtigkeit sie den Freunden der ägyptischen Studien dargelegt hatten. Die Erleichterungen, deren ich mich bei der Bearbeitung der Urkunden zu erfreuen hatte, verdanke ich zum Theil ihrer liebenswürdigen Empfehlung. In allen europäischen und ägyptischen Museen, überall, wohin mich meine Nachforschungen geführt haben, bin ich immer mit dem gröſsten Wohlwollen aufgenommen, und mit vollkommener Liberalität sind mir die Papyri sogleich zur Verfügung gestellt worden. Ich danke dafür herzlichst allen Conservatoren bei den Museen, mit denen in Beziehung zu treten ich das Vergnügen gehabt habe, und die ich nicht alle einzeln namhaft machen kann. In gleicher Weise fühle ich mich auch den Privatleuten verpflichtet, welche mir die in ihren Sammlungen befindlichen Papyri zu benutzen gestattet, und denjenigen unter meinen gelehrten Fachgenossen, welche mir Abschriften und Reproduktionen von Texten, die ich mir nicht würde haben verschaffen können, freundlichst übermittelt haben.

Besonders hervorgehoben zu werden verdient das, was mein gelehrter College, Herr Professor STERN für das vorliegende Werk gethan hat. Er hat nicht nur die Veröffentlichung desselben sorgfältigst überwacht, sondern auch die nicht sehr dankbare Aufgabe gütigst übernommen, die folgende Einleitung, welche ich französisch niedergeschrieben hatte, ins Deutsche zu übersetzen. Für diese Arbeit, für welche er in jeder Hinsicht berufen war, sage ich ihm meinen aufrichtigen Dank.

Endlich darf ich nicht das Haus A. ASHER & Co. in Berlin vergessen, welches das schwierige und wenig lukrative Unternehmen der Publikation ausgeführt und dem Werke eine Ausstattung gegeben hat, die seinen Druckereien Ehre macht.

Und nun übergebe ich meinen gelehrten Fachgenossen diesen Text des Todtenbuchs, der, wie ich hoffe, in ihren Händen dazu beitragen wird, die Kenntniss der ägyptischen Sprache und Religion zu fördern und manche bis jetzt unüberwindliche Schwierigkeiten zu besiegen.

Malagny bei Genf, im März 1886.

Edouard Naville.

Inhalt.

		Seite
I. Kapitel.	Die thebaische Ausgabe des Todtenbuchs	1
II. Kapitel.	Das Todtenbuch, seine Bedeutung, seine Geschichte und die Art es zu schreiben . .	18
III. Kapitel.	Beschreibung der Texte	47
IV. Kapitel.	Bemerkungen zu den einzelnen Kapiteln des Todtenbuchs .	113
Hieroglyphisches Verzeichnifs der Kapitel .		193

ERSTES KAPITEL.
Die thebaische Ausgabe des Todtenbuches.

Als Lepsius 1842 den grofsen Turiner Papyrus veröffentlichte, welchen er „das Todtenbuch" benannte, führte er die Ägyptologen auf ein wissenschaftliches Feld, welches bis dahin noch unerforscht geblieben war. Er übergab ihnen, wie er sich ausdrückt, „das gröfste zusammenhängende Literaturwerk, das uns von den Ägyptern erhalten ist".

Schon vor ihm hatte Champollion den allgemeinen Inhalt des Buches erkannt und bemerkt, dafs sich eine beträchtliche Anzahl von Wiederholungen desselben Textes in den europäischen Sammlungen befände; er hat auch in seinen Werken, namentlich in seiner Grammatik, einige Sätze daraus angeführt, aber zum Gegenstand besonderer Studien hat er es nicht gemacht. Lepsius begriff von vornherein die Wichtigkeit eines Buches, welches das *Vade mecum* oder der Pafs war, den die Verstorbenen bei sich führten. Da die Ägypter darauf hielten ein Exemplar desselben zu besitzen und da es alle Eigenschaften eines religiösen Buches hatte, so versprach es uns über den Glauben dieser frühen Zeiten, über die Götter, über die Mythologie u. s. w. aufzuklären. Da sich ferner dieses Buch in einer sehr grofsen Zahl von Exemplaren aus verschiedenen Zeiten erhalten hat und jedes derselben viele Varianten darbietet, so war es das geeignetste Gebiet für philologische Studien zur Erkenntnifs der altägyptischen Sprache; hier mufsten viele Schwierigkeiten ihre Lösung finden.

Dieser letzte Gesichtspunct, die philologische Wichtigkeit des Todtenbuches, scheint LEPSIUS besonders für dasselbe eingenommen zu haben. Indem er die Unzulänglichkeit der bis dahin gemachten Textpublicationen[1]) erkannte, ersah er sich den umfangreichsten Papyrus, welchen er fand, den Turiner; er machte 1836 selbst eine Durchzeichnung desselben und collationierte sie auf einer folgenden Reise 1841. Diese Durchzeichnung, welche der geschickte Künstler M. WEIDENBACH lithographierte, bildet mit einer Einleitung das Werk: „das Todtenbuch der Ägypter".

Abgesehen davon, dafs der von LEPSIUS gewählte Papyrus viel vollständiger ist als der Papyrus Cadet, dessen Veröffentlichung vorausgegangen war, hatte seine Ausgabe den grofsen Vorzug einer neuen Eintheilung. Diese Eintheilung, welche, wie wir unten sehen werden, die einzig mögliche und die einzige auf einem practischen Grundsatze beruhende ist, machte den Gebrauch des Buches bequem und erleichterte sehr die Verweisungen auf dasselbe und die Citate. Auch haben sich die Ägyptologen so sehr an dieselbe gewöhnt, dafs ihre Abänderung unzuträglich sein würde.

Kaum hatten die Ägyptologen das Studium des Todtenbuches begonnen, so bemerkten sie, dafs dieser Text von Schwierigkeiten strotzt. Dieselben sind verschiedener Art und beziehen sich zunächst auf das Buch selbst und auf den Stil, in dem es geschrieben ist. Der Mysticismus, der darin waltet, die Fülle der Gestalten, die Seltsamkeit der Bilder, die Unmöglichkeit zu erkennen, wie die Ägypter die abstracten Ideen selbst der einfachsten Art wiedergaben, — alles dies bildet erhebliche Hindernisse, an denen sich der Übersetzer fortwährend stofsen mufs. Daher behält ein philologisch leicht verständlicher Satz, dessen

---

[1]) Copie figurée d'un rouleau de papyrus trouvé à Thèbes dans un Tombeau des Rois, publiée par M. CADET, Paris 1805, und in der Description de l'Egypte, Antiquités, vol. II. Andere weniger wichtige Publicationen haben SENKOWSKI, YOUNG, BELMORE, ROSELLINI und FONTANA gemacht.

Wörter und Grammatik uns gar nicht in Verlegenheit setzen, nur zu oft ein fremdartiges und selbst burleskes Aussehen; wir haben die Form verstanden, aber sind nicht bis zu der Idee, welche sich dahinter verbirgt, durchgedrungen.

Diese Schwierigkeiten erscheinen in dem von Lepsius edierten Texte sogar noch vergrößert. Diese Urkunde ist trotz ihrer graphischen Schönheit weit entfernt eine der correctesten zu sein. Sie wimmelt von Fehlern jeder Art, wie geübte Ägyptologen alsbald erkannt haben. Außerdem ist sie offenbar keineswegs sehr alt, sondern stammt frühestens aus der Zeit der Psammetiche, wie Lepsius meinte, wahrscheinlicher aber aus dem Zeitalter der Ptolemäer. Es ist also ein Text, der nicht nur keine Correctheit verbürgt, sondern auch nur eine späte Redaction des Todtenbuches gewährt. Auch citieren ihn die meisten Ägyptologen heute nur mit Vorsicht und ohne das Verdienst der Übersetzung von Birch, der ältesten, und der neuern von Pierret irgend wie schmälern zu wollen, glaube ich doch behaupten zu können, daß heute kein Ägyptologe mehr auf Grund des Turiner Textes allein eine Übertragung des Todtenbuches versuchen möchte.

Es handelte sich also darum diesem Übelstande abzuhelfen und es gab zwei Mittel zur Beschaffung eines bessern Textes: man veröffentlichte correcter geschriebene Papyri oder stellte auch die guten Lesarten mit Hülfe mehrerer Urkunden wieder her. Der erstere Weg ist von E. de Rougé eingeschlagen worden. In seinen schönen Studien über das Rituel funéraire geht der gelehrte Academiker davon aus, daß die funerären Papyri ursprünglich hieratisch geschrieben sind und daß die hieroglyphischen Texte nur die Umschrift der hieratischen sind. Demnach müßte das Studium mit den letzteren beginnen und viele Fehler der hieroglyphischen Papyri würden sich daraus von selbst erklären. Zu diesem Behufe hat E. de Rougé die Publication eines der umfangreichsten hieratischen Papyri in der Sammlung des Louvre begonnen. Diese noch unvollendete Edition entspricht jedoch dem Zwecke nur unvollkommen, weil sie einen Papyrus giebt, der jünger als die XXVI. Dynastie und folglich jünger ist als die grofse Revision und Codification, welche mit dem Todtenbuch in jener Zeit vorgenommen sein müssen.¹) Übrigens schien der gelehrte Academiker eben das Todtenbuch der spätern Epoche ins Auge gefafst zu haben; die Nothwendigkeit höher hinaufzusteigen war seinem Scharfsinne jedoch nicht entgangen, da er schreibt: „Es ist unmöglich, die Übersetzung irgend eines Theiles des Rituals mit ernstlichen Aussichten auf Erfolg zu unternehmen, ohne dafs man eine gewisse Zahl von Manuscripten verglichen und über das Alter der Varianten und ihre Auctorität eine Art historischen Studiums gemacht hat. Aber man wird leicht berechnen können, wie viel Zeit so minutiöse Vorarbeiten erfordern; man wird oftmals mehrere Museen ausbeuten müssen, ehe man die zum Verständnifs eines einzigen Kapitels nöthigen Materialien beisammen hat."²)

Die Wiederherstellung einer correcten Recension des Todtenbuches mittels der Vergleichung verschiedener Urkunden, die Textkritik, das war eine unerläfsliche Arbeit, aber sie liefs sich nicht versuchen, so lange sich die Kenntnifs der ägyptischen Sprache nicht genügend entwickelt hatte. Man mufs aus den Phasen der mühsamen Entzifferung heraus sein, ehe man die Kritik der Texte in Angriff nehmen kann. Nichts zeigt besser die auf diesem Wege gemachten Fortschritte, nichts beweist entschiedener den wohl erworbenen Besitz einer Sprache, als die Thatsache, dafs ein Gelehrter die Kritik eines gegebenen Textes unternimmt. Auch hier verdankt man LEPSIUS den ersten Versuch, der freilich noch unvollkommen war, aber nicht nur den inne zu haltenden Weg vorzeichnete, sondern auch die Wichtigkeit einer solchen Arbeit hervorhob. In der gelehrten Einleitung zu den „Ältesten Texten des Todtenbuches" hat LEPSIUS für einige Zeilen des 17. Kapitels die nothwendige Vergleichung

---

¹) Dasselbe mufs ich von dem von Dr. LEEMANS publicierten hieratischen Papyrus T. 16 sagen; die Publication des hieroglyphischen Papyrus T. II ist dagegen viel wichtiger und nützlicher gewesen.

²) Etudes sur le Rituel in der Revue archéologique 1860. I. p. 72.

angestellt, um zu einem besseren Verständnifs des von ihm übersetzten Fragments zu gelangen; und deshalb hat er den Texten des Mittlern Reiches auf den von ihm veröffentlichten Särgen einen Text der XVIII. Dynastie, das Grab des *Amenemha* (*Ta*) und den Turiner Text an die Seite gestellt. Die erheblichen Abweichungen, welche er zwischen der saïtischen oder ptolemäischen Version und denen der ältern Epochen fand, haben ihn veranlafst sich zu fragen, ob sich nicht erforschen lasse, was das Todtenbuch in den verschiedenen Zeitaltern gewesen ist, ob es keine wichtigen Veränderungen erlitten, mit einem Worte, ob es keine Geschichte gehabt habe. Die Reconstruction des Buches und das Studium der verschiedenen Phasen, welche es durchlaufen hat, — dies waren die Lieblingsideen des ersten Herausgebers, welcher die Wichtigkeit einer solchen Arbeit für die Erforschung der Mythologie und der Sprache besser beurtheilen konnte als irgend ein anderer. Besser auch als irgend ein anderer konnte er die Schwierigkeiten würdigen, welche sich einer Ausführung in etwas bedeutenderem Mafsstabe entgegenstellten; aber es war ein Wunsch, dessen Verwirklichung ihm sehr am Herzen lag, wie er dem Verfasser dieser Seiten oftmals mündlich und brieflich ausgesprochen hat.

So hielt denn LEPSIUS, als im September 1874 der Orientalisten-Congrefs mehrere bedeutende Ägyptologen in London vereinigte, die Gelegenheit für günstig, um die berufensten Vertreter der Wissenschaft für die Ausführung einer ähnlichen Arbeit zu gewinnen. In einer besondern Sitzung der ägyptologischen Section wurde ein Beschlufs angenommen, von dessen Wortlaut ich einige Sätze hersetze: "It seemed of special moment for the furtherance of the Egyptian studies, that an edition of the Bible of the Old Egyptians, the Ritual, as CHAMPOLLION called it, or the Book of the Dead, as LEPSIUS styles it, as critical and complete as possible should be steadily kept in view. Such edition should present a threefold recension of that most venerable monument of Egyptian speech, archaeology and religion, i. e. it should give us the Book of the Dead as its text consisted — 1. Under the Old Empire; 2. Under the Theban Dynasties of the New Empire; 3. Under the Psammetici. (Dyn. XXVI).¹)

In derselben Sitzung wurde die Wahl des Ägyptologen getroffen, der zunächst die Museen bereisen sollte um zu sehen, was sie an Materialien enthielten. Der sofort übermittelte Beschluſs wurde von dem Gewählten angenommen. Nach seiner Rückkehr nach Berlin beeilte sich LEPSIUS einer im Congreſs übernommenen Verpflichtung gemäſs den Plan der Berliner Academie zu unterbreiten, welche groſsmüthig eine Summe von 3000 M. für die Vorarbeiten aussetzte, während die preuſsische Regierung in voraus eine Summe von 4800 Thalern für die Publication bewilligte, welche nun stattgefunden hat.

Mit einer Reise nach Berlin habe ich 1875 den Beschluſs des Congresses in Ausführung zu bringen begonnen. Vorher war, um den internationalen Ursprung des Unternehmens zum Ausdruck zu bringen, ein Comité von vier Mitgliedern ernannt worden, bestehend aus den Herren BIRCH, CHABAS, LEPSIUS und NAVILLE. Dasselbe veröffentlichte gegen Ende des Jahres 1875 ein Rundschreiben, welches sich an die wohlwollende Unterstützung der Museumsdirectoren und der Eigenthümer von Sammlungen wandte, die Papyri im Besitz haben könnten. Seitdem habe ich zweimal, in dem Orientalisten-Congreſs zu Florenz 1878 und in dem zu Berlin 1881, meine Fachgenossen von dem Fortschritte, den die Arbeit gemacht hatte, unterrichtet.

Das Rundschreiben von 1875 hielt sich noch an die Fassung des Londoner Congresses und sprach von einer dreifachen Ausgabe: erstens, die Redaction des Alten Reiches, alle Fragmente umfassend, welche älter als die XVII. Dynastie sind und welche sich auf Särgen oder Papyren finden; sodann, die thebaische Redaction aus der Epoche der groſsen thebaischen Dynastieen, welche mit Hülfe der in den verschiedenen Museen zerstreuten Papyri wiederhergestellt werden sollte, da jeder nur we-

---

¹) Transactions of the second session of the Second International Congress of Orientalists, p. 442.

nige Kapitel des Buches enthält; endlich die saïtische Redaction, welche eine Vergleichung des Turiner Todtenbuches mit gleichzeitigen oder spätern Texten liefern sollte. Schon auf meiner ersten Reise nach London 1876 habe ich die Überzeugung gewonnen, dafs der Beschlufs des Congresses in dieser Fassung unausführbar sei; dafs hier vielmehr drei verschiedene Aufgaben bezeichnet sind, die sich von einem und demselben neben einander nicht bewältigen lassen, und dafs die eine derselben in ihrem Umfange und in ihrer Wichtigkeit nicht richtig geschätzt worden war — ich meine die Wiederherstellung des thebaischen Textes. Ich kündigte daher im florentiner Congresse an, dafs das Comité den ursprünglichen Plan zu ändern sich entschlossen habe und sich auf die hieroglyphische Ausgabe des thebaischen Todtenbuches, welche von der XVII. bis zur XX. Dynastie reicht, beschränken wolle.

Verschiedene Beweggründe, von denen einige erst nach den letzten Entdeckungen zur vollen Geltung gekommen sind, sprachen für diese Änderung. Bis 1879 waren nur sehr wenige Texte des Alten und des Mittlern Reiches bekannt; man hatte nur die Texte auf einem Sarge einer Königin der XI. Dynastie, der jetzt zerstört ist, bis auf ein kleines Bruchstück, welches mit der Collection HARRIS ins Britische Museum gelangt ist, und von dem wir eine von SIR GARDNER WILKINSON angefertigte Copie besitzen. Es war ferner der Sarg des *Amam* der XI. Dynastie im Britischen Museum, der eben jetzt publiciert wird; endlich die von LEPSIUS veröffentlichten Berliner Särge. Daraus liefs sich keine Ausgabe machen, und wäre sie gemacht worden, so hätte man sie, kaum zu Ende gebracht, von neuem anfangen müssen. Denn man hat darnach eine erhebliche Menge von Texten entdeckt, welche sicherlich ein Todtenbuch des Alten und Mittlern Reiches bildeten, nämlich die Pyramidentexte, von denen sich Wiederholungen selbst in ziemlich späten Gräbern vorfinden. Andererseits sind neue Copieen von Texten des eigentlichen Todtenbuchs aufgefunden worden, z. B. im Grabe des *Horhotep*, jetzt im Museum von Bulaq. Alles das beweist, dafs wir, was das Alte und Mittlere Reich angeht, erst am Anfange stehen; dafs es ein oder mehrere funeräre Bücher giebt, von denen ein Theil verloren gegangen oder durch das Todtenbuch ersetzt worden ist, deren Ganzes man aber früher oder später wird wiederherstellen müssen. Wenn nun diese Arbeit heute noch nicht möglich ist, wie viel weniger war sie es, als MASPERO uns noch nicht mit seinen schönen Entdeckungen bereichert hatte.

Andererseits giebt es in den Museen, ohne von den Privatsammlungen zu reden, eine sehr beträchtliche Anzahl hieroglyphischer oder hieratischer Papyri aus der Epoche der Saïten oder der Ptolemäer. Die Zahl derselben ist so groß, daß eine vollständige Collation über die Grenzen und die Kräfte eines Menschenlebens hinausgehen würde; und außerdem würde der Nutzen einer solchen Arbeit sehr zweifelhaft sein. Es ist gewiß, daß zu einer Zeit, vermuthlich der der Psammetiche, das Todtenbuch vollständig revidiert und codificiert worden ist. Damals ist der Text festgestellt worden; es wurde eine Redaction angenommen, von der man sich seitdem nur noch wenig entfernt hat, beschwert mit Glossen zu Stellen, welche den Schreibern jener Zeit vielleicht unverständlich waren, die man aber hieroglyphisch und hieratisch immer wieder getreulich copiert hat. Nicht daß man eine gleiche Treue beobachtet hätte wie die Abschreiber der hebräischen Texte; man muß die ganz eigenthümliche Art der ägyptischen Sprache und besonders der Schrift, die keine bestimmte Rechtschreibung hat, in Anschlag bringen, um die Mannigfaltigkeit der Lesarten zu verstehen, die sich gleichwohl von dem recipierten Texte nur in beschränkten Grenzen entfernen. In den saïtischen Codex hat man alle Kapitel aufgenommen, welche zum Todtenbuche gehören sollten, und hat ihnen eine definitive Ordnung gegeben. Jedes einzelne hat seine bestimmte Stelle bekommen oder seine Stellen, wenn es zweimal eingefügt wurde; man hat ferner eine Anzahl, welche sich in der frühern Epoche findet, ausgeschieden, dafür aber die vier letzten aufgenommen, welche in den ältern Papyren nicht existieren. Vorher bestand keine feste Reihenfolge, abgesehen von einigen allgemeinen Eigenheiten, welche mehr auf einer Gewohnheit, als auf einer Regel zu beruhen scheinen. Seit der saïtischen Zeit kann man über die Reihenfolge der Kapitel sicher sein, und selten finden sich grofse Abweichungen. Aus alle dem folgt, dafs eine Vergleichung der Papyri aus dieser späten Epoche nur wenig ergiebt, mit Ausnahme vielleicht mancher Eigenthümlichkeiten der Schreibweise; der Versuch, den ich in Turin mit etwa 20 Papyren dieser Zeit gemacht habe, hat mir nur unbedeutende Varianten geliefert.

Zwischen diesen beiden Editionen, der des Alten und Mittlern Reiches und der der nachsaïtischen Zeiten, stand die Ausgabe der grofsen thebaïschen Dynastieen, welche viel umfangreicher ist als die erstere und viel werthvoller als die andere. Abgesehen von den Erwägungen, welche die andern beiden Redactionen bei Seite zu lassen nöthigten, hat diese dritte eine ganz besondere und unerwartete Bedeutung durch die beträchtliche Zahl der Urkunden dieser Epoche gewonnen, deren Vorhandensein in den Museen uns offenbar geworden ist, früher aber mehr oder weniger, selbst LEPSIUS, unbekannt war. Man betrachte das Verzeichnifs, welches er in der Einleitung zu den Ältesten Texten aufgestellt hat[1]), und vergleiche es mit dem, welches dieser Ausgabe vorausgeschickt ist, und man wird die Zahl und den Werth der Documente, welche ich vor Augen gehabt habe, würdigen können. Aus ihnen liefs sich das ganze Todtenbuch wieder herstellen, zwar mit Ausnahme einiger Kapitel, aber um andere vermehrt, welche vor der saïtischen Epoche verloren gegangen sind; aufserdem ergab sich eine Unzahl von Varianten jeder Art, deren Sammlung wichtig erschien. Angesichts dieses unverhofften Reichthums wurde denn auch beschlossen, sich vor der Hand an die thebaische Ausgabe zu halten und die ganze Arbeit auf diese allein zu beschränken.

Wenn man auch anfänglich über einige Puncte, z. B. wie die Varianten wiederzugeben seien, geschwankt hat, so waren doch die allgemeinen Grundsätze von vornherein festgestellt. Man hatte den Gedanken ausgesprochen, den Turiner Papyrus zu Grunde zu legen und die

---

[1]) Älteste Texte des Todtenbuchs, pag. 12.

thebaische Edition als eine Collation desselben zu geben. Aber dieser Weg ist verlassen worden; denn die Varianten sind so zahlreich, die Redactionen einiger Kapitel weichen so erheblich ab, die Vignetten sind oft so sehr verschieden, dafs das Ganze ein Ensemble gebildet haben würde, das schwer zu reproducieren und vielleicht noch schwerer zu benutzen gewesen wäre. Die beiden in Vergleich gestellten Gegenstände waren zu unähnlich. Aufserdem würde ein solches Verfahren die zeitliche Folge umkehren. Wenn man später zwischen dem alten und dem neuen Texte Vergleiche anstellen will, ist es dann nicht logischer bei dem Vorhergegangenen und Ältern anzufangen und die Modificationen, die es erfahren hat, zu verfolgen als von dem Spätern aus auf den Ursprung zurückzugehen? Da es einen thebaischen Text gab, von dem der saïtische erst abgeleitet ist, warum nicht zuerst ihn reconstruieren? Warum dieses Buch nicht in allen Theilen wiederherstellen, da die Mittel dazu, hier und dort zerstreut, vorhanden waren? Lieferte man doch dadurch der Wissenschaft etwas ganz Neues, denn bis dahin war von alten Papyren nur der eine des *Nebqd* von den Herren DÉVÉRIA und PIERRET veröffentlicht worden, der nur einen kleinen Theil des Buches enthält.

Da fand man sich jedoch einer Schwierigkeit gegenüber, welche sich für die spätere Epoche nicht bemerklich macht. Die thebaischen Papyri, selbst die gröfsten, umfassen nur eine beschränkte Zahl der Kapitel des Todtenbuches. Mehr als 90 von den 165 Kapiteln des Todtenbuchs enthält keiner, sodafs zur Herstellung einer kritischen, vergleichenden Ausgabe der thebaischen Texte der Grundtext, von dem man ausgehen mufs, fehlt; also mufste man ihn erst schaffen. Da aufserdem kein thebaischer Papyrus vollständig ist, so mufste die Basis oder der Grundtext mehreren Originalen entnommen werden.

Der erste bedeutende Schritt auf diesem Wege war die photographische Herstellung eines Papyrus, welche die Trustees des Britischen Museums 1876 veranlafsten, nämlich des Papyrus 9900, des gröfsten und wichtigsten dieser Sammlung. Diese Urkunde lieferte mir schon viele Kapitel, und indem ich ihren Text wo immer möglich als Basis nahm, verzeichnete ich die Varianten fast aller übrigen Papyri des Britischen Museums. Wenn ich ein neues Kapitel traf, welches sich in 9900 nicht vorfand, so nahm ich eine Durchzeichnung und vervollständigte so die Sammlung. Im folgenden Jahre war mir während eines längern Aufenthalts in Paris vergönnt, den Papyrus des *Mesemneter* (*Ca*) und den im Louvre III. 93 (*Pb*) eingehend zu studieren. In beiden fand ich eine sehr grofse Zahl von Kapiteln. Auf diese Weise habe ich immer verfahren, indem ich überall, wo ich eine Basis hatte, die Varianten collationierte und den Text, dem ich zum ersten Male begegnete, durchzeichnete, um mir eine Basis zu verschaffen, die ich jedoch manchmal, wenn ich ein correcteres oder vollständigeres Exemplar vorfand, später durch eine andere ersetzte. Hauptsächlich mit Hülfe dieser drei Papyri habe ich den gröfsten Theil des thebaischen Todtenbuches wiederhergestellt, wie man aus der geringen Anzahl von Basen ersehen kann, welche andern Documenten entlehnt sind.

Ich habe mir auf diese Weise nicht nur einen Grundtext verschafft, sondern ich habe einen gegebenen Text auch immer so reproduciert, wie man ihn wiederfinden kann. Ich habe nicht nach der Weise der Herausgeber der griechischen und lateinischen Classiker den Text, wo er mir fehlerhaft erschien, nach den Varianten zu corrigieren versucht. Mir lag daran, die Arbeit so wenig persönlich wie möglich zu halten; ich wollte meinen Fachgenossen die Mittel der Textkritik an die Hand geben, nicht aber sie selbst üben. Änderungen, Ergänzungen, Verbesserungen, Conjecturen, jener ganze Apparat, den man in den Ausgaben der griechischen Tragiker z. B. findet, fehlt demgemäfs in dieser Ausgabe des Todtenbuches durchaus. Nicht, dafs sich nicht oftmals die Gelegenheit zur Kritik dargeboten hätte; aber es sind noch zu viele Einzelheiten, über welche die Meinungen der Ägyptologen auseinandergehen. Man hätte solche Verbesserungen erklären oder selbst commentieren müssen, und aufserdem würden sie meines Erachtens dieser Ausgabe einen Theil ihres Werthes genommen haben. Jetzt ist jeder Satz darin und jede Variante die Wiedergabe einer angezeigten Quelle: es ist keine künstliche Anordnung oder Combination, an der sich der kritische Sinn des Herausgebers zu zeigen gehabt hätte. Behalten wir das künftigen Arbeiten vor. Heute da wir das Material in den Händen haben, und nicht nur die Texte der spätern Epochen, können wir die wahre Textkritik in Anwendung bringen, indem wir die für die Schriftsprachen gültige Methode befolgen.

Von vorn herein habe ich darauf verzichtet an der von LEPSIUS eingeführten Eintheilung etwas zu ändern. CHAMPOLLION hatte eine andere versucht, die er zwar niemals im einzelnen dargelegt hat, deren Princip wir aber kennen und die von HINCKS aufgenommen worden ist.[1]) Er hatte das Buch in drei Theile zerlegt, von denen der erste mit Kapitel 15, der zweite mit Kap. 125 endete; sodann war jeder dieser Theile in Paragraphen oder Gruppen zerlegt. Diese wenig bequeme Eintheilung ist nur für die spätern Papyri möglich, wo die Reihenfolge der Kapitel eine beständige ist. In den alten Texten, wo diese Reihenfolge sich überhaupt nicht findet, ist sie unzulässig, und CHAMPOLLION selbst würde sie gewiss aufgegeben haben, wenn er die Texte der thebaischen Epoche studiert hätte. Der hauptsächlichste Einwand aber, den man gegen diese Eintheilung erheben kann, ist der, daß sie dem Geiste und der Natur des Todtenbuches selbst entgegen ist. Sie setzt voraus, daß das Todtenbuch einen Anfang und ein Ende habe und daß es systematisch angeordnet sei. Das ist aber nicht der Fall. Das Todtenbuch ist aus einzelnen Stücken zusammengesetzt, die im allgemeinen unter sich keine Verbindung haben. Das Vorhandensein eines Kapitels bedingt nicht das des vorangehenden oder des folgenden. In einer bestimmten Zeit, unter den Saïten, sind die von einander unabhängigen Stücke vereinigt und in die definitive Reihenfolge gebracht; aber man würde sehr irren, wollte man glauben, daß diese Anordnung einem philosophischen oder religiösen Systeme entspräche. Es ist eine blos künstliche Aneinanderreihung, deren

---

[1]) Catalogue of the Egyptian manuscripts of the Library of Trinity College, Dublin, p. 22.

Princip wir nicht erkennen, die aber weder doctrinär noch auch chronologisch ist, wenn es auch feststeht, dafs die vier letzten Kapitel neuern Ursprungs sind. Obwohl wir ein vollständiges Verständnifs des Buches noch nicht erreicht haben, so kann man doch verschiedene Gruppen darin unterscheiden; einige derselben sind scharf characterisiert und ihre Kapitel würden zusammengestellt ein genügendes und vollständiges Todtenbuch bilden, ohne dafs es nöthig wäre noch andere Stücke hinzuzufügen; und gleichwohl findet sich alles in dem saïtischen Codex vereinigt, ohne der darin so häufigen Wiederholungen zu gedenken.

Dies alles macht eine Classification nach dem Sinne und nach dem Inhalte sehr schwierig und auf alle Fälle zur Zeit unthunlich. Was giebt es auch Practischeres als die von Lepsius adoptierte einfache Zählung? Diese Eintheilung sieht von dem Inhalte der Kapitel ab, sie systematisiert nichts; aber sie gewährt eine grofse Leichtigkeit für die Benutzung des Buches und beruht auf dem richtigen Principe. Alles, was in dem Turiner Papyrus einen Titel hat, jedes ⌢ oder ⌢ genannte Stück, ist ein numeriertes Kapitel, ganz gleich wie lang es ist. Diese Eintheilung ist in einigen Fällen zu weit gegangen; so sollte das 16. Kapitel, welches nur aus Darstellungen zu Kapitel 15 besteht, kein besonderes Kapitel bilden; ebenso wenig sollte auch 150 von 149 getrennt sein, wenn man die vier Theile von 125 nicht unterscheiden will und die Elysischen Gefilde in Kap. 110 dieselbe Nummer tragen sollen, wie der als Einleitung dazu dienende Text. Es war auch unnöthig den Wiederholungen desselben Textes besondere Nummern zu geben. Doch wie sichs damit auch verhalte, diese Eintheilung existiert und ist so üblich geworden, dafs jeder Versuch sie zu ändern nur Verwirrung hervorrufen könnte. Jeder Ägyptologe weifs, dafs Kap. 42 die Benennung der Körpertheile enthält, wie Kap. 110 die Elysischen Gefilde und Kap. 125 die Confession und die Psychostasie. Ich wiederhole, dafs diese Anordnung nicht die der alten Papyri ist, die Zählung ist nur für die nachsaïtischen zutreffend; aber wir müssen uns schon mit ihr begnügen, da wir aufser derselben nichts Festes haben.

Wie man bemerken wird, sind die im Turiner Todtenbuch nicht enthaltenen Kapitel meist mit Zahlen, die auf 165 folgen, hinten angehängt. Indessen ist eine Anzahl von Kapiteln eingeschoben worden, wenn sie mit diesem oder jenem Kapitel so eng verknüpft schienen, dafs man sie unmöglich davon trennen konnte. Als Beispiel hierfür will ich Kap. 136 geben, welches viel kürzer als im Turiner Papyrus ist. Das Kapitel findet sich oft mit einem andern vereinigt, welches in den alten Papyren sehr häufig ist und selbst noch unter der XXI. Dynastie vorkommt, aber später verschwunden ist; wenn die beiden Kapitel nicht verbunden sind und das zweite einen besonderen Titel hat, so folgt es immer auf 136. Es war also natürlich, ihm diese Stelle zu erhalten und es 136B zu nennen, während das alte 136A ward. Ebenso wenn ein Kapitel zwei sehr verschiedene Redactionen hat, wie Kap. 38, so heifst die ältere 38A und die jüngere 38B. Abgesehen von einigen Ausnahmen dieser Art, sind alle inediten Kapitel am Ende angehängt und beginnen mit 166. Ich weifs wohl, dafs ich hierin mit meinem gelehrten Collegen Dr. PLEYTE, dessen vortreffliche "Chapitres supplémentaires du Livre des Morts" bis 174 reichen, in Concurrenz stehe; aber es hat mir geschienen, dafs die ältesten Kapitel den von PLEYTE gesammelten vorausgehen sollten, da diese fast alle aus späterer Epoche sind. Man wird mir auch entgegenhalten, dafs ich die Nummern 162 bis 165 leer gelassen habe, da diese Kapitel sich niemals in alten Papyren finden. Allerdings, aber da diese einen Theil des Turiner Codex bilden und man die Numerierung desselben als Basis angenommen hat, so mufste man sie im Ganzen nehmen und konnte nicht vier Nummern auslassen.

Eine der wesentlichsten Bedingungen für das Gelingen dieser Ausgabe war die Genauigkeit in der Wiedergabe der Texte. In dieser Beziehung freue ich mich meinen gelehrten Collegen mittheilen zu können, dafs fast sämmtliche Texte des ersten Bandes durchgezeichnet sind, sei es, dafs diese Durchzeichnungen nach der Photographie genommen wurden (wie von dem Pap. 9900), sei es, dafs ich sie nach den Originalen gemacht habe und sie mit dem Pantograph reduciert wurden. Ich be-

merke noch, dafs Frau NAVILLE eigenhändig die 186 Kapitel des ersten
Bandes, Text und Vignetten, in verkleinertem und möglichst gleichartigem
Mafsstabe gezeichnet und genau im Stile der Originale wiedergegeben
hat. Die Ägyptologen mögen beurtheilen, in wie weit die Reproduction
dem so ausgesprochenen Schriftcharacter und der Eigenartigkeit der ägyptischen Zeichnung entspricht. Dank der Benutzung der Durchzeichnungen glaube ich für den ersten Band eine möglichst grofse Treue erreicht
zu haben. Für den zweiten liefs sich dies Verfahren nicht anwenden;
obwohl ich ganz besondere Aufmerksamkeit darauf verwandt habe, so
wage ich doch nicht zu hoffen, dafs er ohne Fehler und Auslassungen
geblieben ist; aber ich bitte meine Collegen die ungeheuere Menge von
Varianten zu berücksichtigen, welche er enthält.

In dem Congresse zu Florenz 1878 war ich über die Art und
Weise, in der die Varianten reproduciert werden sollten, noch nicht
im Klaren. Nach verschiedenen Versuchen bin ich auf das einfachste
und übersichtlichste Mittel zurückgekommen, die synoptischen Tafeln.
Diese Methode nöthigte allerdings jedes schon im ersten Bande veröffentlichte Kapitel zu wiederholen, es verlangt viel Raum, und viel Platz
geht dabei verloren; aber die sich daraus ergebenden Vortheile entschä-
digen für diese Übelstände reichlich. Man öffne den zweiten Band auf
einer beliebigen Seite und man kann auf den ersten Blick leicht übersehen, in wie vielen Papyren sich das fragliche Kapitel findet und welches die Varianten einer beliebigen Stelle sind. In der Columne zur
Linken steht der Text, welcher als Basis gedient hat, der Text des
ersten Bandes, und die Ziffern geben an, zu welcher Zeile er gehört.
Nach einer gewissen Anzahl von Zeichen ist in der Regel ein kleiner
Raum leer gelassen; dieser leere Raum entspricht keinem Satzende und
hat mit dem Sinne nichts zu thun; er ist lediglich dazu bestimmt die
Eintragung der Varianten zu erleichtern; ursprünglich durchschnitt ein
feiner Bleifederstrich an diesen Stellen den ganzen Streifen, er ist aber
mit der Photographie verschwunden. Dem Texte parallel sind verticale
Columnen gezogen, von denen jede für einen durch zwei Buchstaben

darüber angegebenen Papyrus bestimmt ist. Wo der Text derselbe ist, wie der des typischen Papyrus, ist die Columne leer geblieben[1]), wo er dagegen Varianten bietet, sind dieselben an der entsprechenden Stelle eingeschrieben, wo sich das Wort des Grundtextes befindet, mit welchem er verglichen wird. Wenn eine oder mehrere Gruppen, die sich in der Basis finden, ausgeschlossen sind, so bezeichnet eine durchbrochene Linie die Lücke in ihrer ganzen Ausdehnung und verbindet die Zeichen, welche im Texte wirklich an einander stofsen. Das *bis* und *ter* neben den Papyrusbuchstaben bedeutet, dafs dieses Document zwei oder drei Wiederholungen desselben Textes enthält. Das Verfahren ist, wie man sieht, ein sehr einfaches. Da ich nicht mehr mit Durchzeichnungen arbeiten konnte, so habe ich auf das Facsimile, welches im ersten Bande zur Geltung kommt, verzichtet und für alle Varianten einen uniformen Schriftstil gewählt.

Das thebaische Todtenbuch enthält aufser den Texten auch Vignetten, welche von denen des Turiner Papyrus bedeutend abweichen. Um nicht die Regelmäfsigkeit des zweiten Bandes zu stören und zugleich um den verfügbaren Platz im ersten auszunutzen, habe ich alle Vignetten in diesem vereinigt, so dafs selbst ganze Tafeln der Reproduction der Varianten gewidmet sind, wie z. B. nach Kap. 17. Im allgemeinen haben die alten Papyri weniger Vignetten als die jüngern; oft auch fehlen sie uns, weil gerade die Vignetten der am häufigsten zerstörte Theil des Papyrus sind. Ich habe mich also darauf beschränkt, zu jedem Kapitel die Vignetten zu stellen, welche von der der Basis abweichen, ohne die Papyri besonders anzuführen, welche vielleicht dieselben, oder die, welche keine haben.

Nach diesen Grundsätzen habe ich alle Urkunden der thebaischen Epoche zusammengestellt, sowohl die in den grofsen Sammlungen zu

---

[1]) Man darf jedoch aus dem Fehlen von Varianten nicht auf die vollständige Gleichheit mit der Basis schliefsen. Der Papyrus kann an solchen Stellen zerstört sein.

London, Paris, Berlin, Leyden, Turin, Bulaq, als die in den weniger bedeutenden Museen zu Dublin, Liverpool, Avignon, Marseille, Bologna, Parma, Mailand, Florenz, Rom, Neapel, Hannover und in einigen Privatsammlungen. In dem Orientalistencongresse zu Berlin 1881 habe ich Gelegenheit gehabt der africanischen Section die zu zwei Dritttheilen vollendete Arbeit vorzulegen und der Begutachtung der Ägyptologen den Plan der Arbeit, an welchem seitdem nichts geändert worden ist, zu unterbreiten. Man gestatte mir hier das Urtheil dessen, der die erste Idee der grofsen Ausgabe des Todtenbuchs gefafst hat, zu wiederholen. In der Sitzung vom 26. October legte LEPSIUS die beiden noch unvollendeten Bände dieser thebaischen Ausgabe der Berliner Academie vor, welche zu den Kosten der Vorarbeiten grofsmüthig beigetragen hatte, und hob besonders die Wichtigkeit des Unternehmens hervor. Indem er an die Unterstützung, welche die gelehrte Gesellschaft demselben von Anfang an gütigst gewährt hatte, erinnerte, fügte er hinzu: „Das Material, zu dessen Herbeischaffung die Academie ihren Beitrag speciell bestimmt hatte, ist damit erschöpft und die gestellte Aufgabe gelöst"[1]).

[1]) Monatsberichte vom 27. October 1881.

ZWEITES KAPITEL.

Das Todtenbuch,
seine Bedeutung, seine Geschichte und die Art es zu schreiben.

Was ist das Todtenbuch? welches sind seine unterscheidenden Merkmale? was ist sein Ursprung? solche Fragen würden eine jede für sich ausführliche Erörterungen erheischen, ich kann sie hier aber nur durchaus summarisch beantworten. Zuerst ist es deutlich, wie schon LEPSIUS erkannt hatte, dafs es kein Buch im eigentlichen Sinne des Wortes ist; es ist weder eine Einheit noch ein Ganzes, es ist eine Sammlung, die wahrscheinlich allmählich in verschiedenen Epochen entstanden ist. Sicherlich geht ein Theil ins Alte Reich zurück, selbst wenn wir jene Nachschriften, welche ein Kapitel dem Usaphaïs und ein anderes dem Mycerinus zuschreiben, nicht buchstäblich nehmen. Denn da schon die Texte des Mittlern Reiches mehrere Redactionen erkennen lassen und da wir in Kap. 178 die Sarginschrift des Mycerinus wiederfinden, so sind wir gezwungen, wenigstens die ersten Grundlagen des Buches den Anfängen der ägyptischen Civilisation beizumessen. Dieser ursprüngliche Text wird bald geändert worden sein, ähnliche Stücke werden ihn in der Folge vermehrt haben; vielleicht wird man Revisionen vorgenommen haben, ohne jedoch aus dem Werke ein Ganzes zu bilden. Denn die verschiedenen Theile sind immer vollkommen unabhängig geblieben; die Aufnahme eines Kapitels schliefst keineswegs auch die des vorhergehenden oder des folgenden ein: der Verstorbene scheint eine gewisse Anzahl vereinzelter Stücke zu seiner Verfügung gehabt zu haben, unter denen er oder unter denen man für ihn ein wenig *ad libitum* auswählte.

Mit gleicher Bestimmtheit kann man behaupten, dafs das Todtenbuch kein Ritual ist. Lepsius hat in zwei Arbeiten nach einander bewiesen, dafs dieser Name von dem Buche einen falschen Begriff gäbe und aufgegeben werden müfste, ungeachtet E. de Rougé ihn gern beibehalten wollte. Und ohne Zweifel haben wir im Todtenbuch nicht das, was ein Ritual bildet. Es ist kein Buch, welches die bei der Ausübung eines Cultus zu beobachtenden Ceremonien vorschreibt. Die seltenen Angaben dieser Art, welche sich finden, genügen nicht um den von Champollion gewählten Titel zu rechtfertigen. Allerdings heifst es z. B. im 1. Kapitel, diese Worte sollen am Tage der Bestattung gesprochen werden; auch stellen die Vignetten dazu den Leichenzug dar. Aber man lese den Text und man wird darin vergebens eine Anspielung auf irdische Vorgänge suchen. Es findet sich darin keine Vorschrift über die Ordnung der Ceremonie und über das, was dabei gethan oder gesagt werden soll.

Es kann vorkommen, dafs man in einem Papyrus des Todtenbuchs ein Kapitel eingeschaltet hat, welches zu dem eigentlichen Ritual gehört. So findet sich in dem Londoner Papyrus 9901 neben den Vignetten des 1. Kapitels die „Öffnung des Mundes" benannte Ceremonie; aber wie verschiedenartig ist dieser Text vom Todtenbuch: zunächst wird bemerkt, dafs der Priester spricht; dann folgt, was er zu thun hat; endlich wird ausdrücklich gesagt, dafs diese Ceremonie an der Statue oder an der Mumie des Verstorbenen vorgenommen wird. Im Todtenbuche ist es immer der Verstorbene, welcher selbst redet; alle Gebete und Hymnen werden ihm in den Mund gelegt; oder wenn der Text die Form eines Zwiegesprächs annimmt und wenn ein Gott oder ein Genius Fragen an den Verstorbenen richtet, so ist er doch immer der Antwortende. Wir finden keine für einen Priester oder ein Familienmitglied gegebenen Anweisungen darüber, was ihm zu Ehren zu geschehen hat, aufser vielleicht, wo es sich um Amulette handelt, die auf seine Mumie gelegt werden sollen.

Man wird einwenden, dafs Kapitel wie 22, 23, 105, 151 sich wie zu einem Ritual gehörig ausnehmen: aber man wird sich leicht überzeugen, dafs es sich auch da nicht um Ceremonieen handelt, die auf der Erde vorkämen. Denn abgesehen davon, dafs überall der Verstorbene spricht, ist noch eine andre Betrachtung von grofser Wichtigkeit anzustellen. Der Ausgangspunct des Todtenbuches, die Gegend wo alles, wovon es spricht, anfängt, ist die Amenthes; es ist nicht die wirkliche Welt, sondern die andere Welt, so wie die Einbildungskraft oder der religiöse Sinn der Ägypter sie sich vorstellten. Die Wesen, welche daselbst neben dem Verstorbenen auftreten, sind keine menschlichen Wesen von Fleisch und Knochen, sondern es sind alle jene Götter und bizarren Schöpfungen, mit welchen die Ägypter das Land ihres ewigen Aufenthalts bevölkerten. Der Verstorbene selbst macht in der Amenthes Verwandlungen jeder Art durch: er nimmt alle Formen an, die er will; andere Male ist er ein unvollkommenes Wesen, welches man wiederherstellt, indem man ihm einen Mund und ein Herz verleiht. Augenscheinlich ist die Scene nicht unsere Erde, das Leben nicht jenes Dasein, welches der Verstorbene eine Anzahl von Jahren gehabt hat: wir sind vielmehr in dem Lande der religiösen Einbildung. Auch da werden gewisse Ceremonieen dem Verstorbenen zu Ehren vollzogen, nachbildlich vielleicht jenen auf der Erde gefeierten: aber es geschieht durch die Vermittelung der Götter oder Dämonen. Während bei seiner Bestattung ein mit einem Schakalskopfe maskierter Priester seinen Sarg getragen hatte, wird es nun Anubis sein, der seine Mumie mit seinen Armen umfängt und jene Worte spricht, welche mehreren Theilen seines Kopfes einen göttlichen Ursprung beilegen. Statt der einfachen Klageweiber werden jetzt Isis und Nephthys ihres Amtes walten; ebenso wird Ptah sein *Sem*-Priester sein und ihm den Mund öffnen „mit dem eisernen Griffel, mit welchem er den Mund der Götter öffnet".

An diesen beiden innern Eigenthümlichkeiten unterscheidet man am besten, was zum Todtenbuche gehört und was nicht dazu gehört: der Verstorbene ist es, der redet und angeredet wird; sodann geht alles, worum es sich handelt, in der Amenthes vor oder bezieht sich wenigstens darauf und muſs nothwendigerweise darauf zurückkommen. Wenn der Verstorbene zeitweilig daraus hervorgeht, so doch nur um bald wieder in sie einzugehen. Dazu muſs man noch die besondere Form nehmen, in welche diese Texte sich einkleiden. Sie haben einen Titel, der entweder ein allgemeiner sein kann, wie er sich in dem Buche mehrfach findet, oder ein besonderer, insofern er die Gelegenheit oder die Umstände, unter denen diese Worte von dem Verstorbenen gesprochen werden, und den Zweck, welchen sie erreichen sollen, angiebt. Auf diesen Titel folgen die Worte, welche dem Verstorbenen oder einer Gottheit in den Mund gelegt werden; es schlieſst sich ihnen manchmal eine Nachschrift an, welche entweder den Ort bezeichnet, wo diese Texte eingeschrieben werden sollen, oder das Gute, welches dem sie Kennenden daraus zu Theil werden soll. Dies sind nach Inhalt und Form die bemerkenswerthesten Züge, an denen man die Texte des Todtenbuchs erkennt.

Wenn das Todtenbuch statt ein Ganzes mit Anfang und Ende zu werden eine Sammlung ohne Ordnung und Methode geblieben ist, so entspricht es darin der philosophischen und religiösen Lehre derer, welche es geschrieben haben. Wenn man die Religion des alten Ägyptens studiert, so muſs man immer einen beträchtlichen Theil berücksichtigen, der darin vage und unbestimmt geblieben ist. Was giebt es z. B. Schwierigeres, als die unterscheidenden Merkmale jeder einzelnen Gottheit zu erkennen? Ich spreche selbstverständlich nicht von ihrer äuſsern Erscheinung; aber welche Eigenschaften einer jeden fänden sich nicht in einem mehr oder weniger entwickelten Grade auch bei den übrigen? Ihre moralische Physiognomie hat keine vollkommen deutlichen und entschiedenen Umrisse. Ähnlich verhält es sich mit dem Inhalte des Todtenbuchs. Es giebt weder ein System, noch giebt es bestimmte Ideen über das Schicksal der Verstorbenen jenseits des Grabes. In andern Religionen haben die Seelen einen genau vorgeschriebenen Weg, so zu sagen: sie haben gewisse Verwandlungen oder gewisse Phasen durchzumachen, die sich auf einander folgen und sie schliefslich zu einem bestimmten Ziele führen. Im Todtenbuche ist das Ziel ebenso unsicher wie der Weg, der zu verfolgen ist. Kein Zwang, keine Nothwendigkeit in dem, was den Seelen widerfährt. Die verschiedenen Zustände, welche beschrieben werden, sind nicht auf einander folgende Phasen, durch welche jeder hindurch müfste; nicht das ist es, was jeder Seele nothwendig begegnen mufs, sondern was ihr begegnen kann, alle Lagen, in welchen sie sich befinden kann, alle Ziele, denen sie zustreben kann. So ist eines der wichtigsten Vorrechte, welches dem Verstorbenen gewährt werden kann, die Fähigkeit alle Gestalten anzunehmen, die er will; er kann ein *Bennu*, ein Lotus, ein Krokodil, ein Sperber werden. Aber nicht alle Verstorbenen machen von diesem Vorrechte Gebrauch und nichts verpflichtet sie dazu; auch zieht nicht eine Verwandlung eine andere nach sich; in dem Kapitel vom Lotus z. B. oder in dem vom Sperber wird keinerlei Andeutung gegeben, dafs der Verstorbene die Gestalt eines Kranichs oder eines Krokodils angenommen habe oder sie annehmen müsse.

Eine andere sehr wichtige Episode in dem jenseitigen Leben ist die Scene von Osiris und das Gericht. Ein oder zweimal wird auf dieselbe angespielt, so im Schlufssatze des 1. Kapitels nach der ältern Redaction und im 132. Kapitel; aber wir wissen nicht, wann dieses Gericht stattfindet, noch ob alle Verstorbenen es über sich ergehen lassen müssen; wir können selbst nicht einmal erkennen, welches bestimmte Ergebnifs dasselbe für den Verstorbenen haben kann. Nirgends wird dies Gericht als eine nothwendige Bedingung zur Erlangung dieser oder jener Gnade erwähnt, und abgesehen von einigen Stellen, wo von der Wage gesprochen wird, ist es sonst überall unbekannt. Es erhellt, dafs, wo die Lehre so wenig fixiert ist, auch das Buch, welches sie wiederspiegelt, es nicht mehr sein kann. Da es alles umfafst, was den Verstorbenen begegnen kann, und nichts die Auswahl bestimmt; da es keine erkennbare Zeitfolge und namentlich kein Endziel darin giebt, so können auch die Kapitel, welche uns einen oder mehrere dieser Zustände beschreiben, keine bestimmte Ordnung haben. Wenn sie sich an einer Stelle eher als an einer andern finden und wenn die Kapitel eine nothdürftige Reihenfolge haben, so ist das mehr Sache des Gebrauchs als der Lehre.

Der Name, mit welchem die Ägypter dieses Buch oder wenigstens den größten Theil desselben ohne Zweifel bezeichneten, ist das Buch vom [Hieroglyphen] oder [Hieroglyphen]. Man hat über den Sinn dieser drei Wörter viel gestritten; fast jeder Ägyptologe hat seine eigene Erklärung vorgetragen, ohne dafs eine sich des Beifalls aller Stimmen zu erfreuen gehabt hätte. Die Meinungen gehen über die Bedeutung jedes dieser Wörter auseinander, aber hauptsächlich über den Sinn des Verbs [Hieroglyphe] und der Präposition [Hieroglyphe]. Wahrscheinlich hat dieser Ausdruck für die Ägypter eine conventionale Bedeutung gehabt, wie es bei vielen zusammengesetzten Ausdrücken, selbst in den neueren Sprachen, der Fall ist, eine Bedeutung, welche uns vielleicht entgeht, weil wir den Ausdruck immer zerlegen und jedes seiner Elemente buchstäblich übersetzen, was uns auf den falschen Weg führt. Man vergleiche nur andere zusammengesetzte Ausdrücke, wie z. B. [Hieroglyphen], dessen eigentliche Bedeutung „funeräre Opfergaben" man nur aus dem Determinativ [Hieroglyphe] schliefsen kann; ebenso steht es mit [Hieroglyphen], welches „Bücher" bezeichnet, und noch viele ähnliche liefsen sich anführen. In dem Berliner Congresse habe ich eine Übersetzung vorgeschlagen, welche der Dévéria am nächsten kommt: Ausgang aus dem Tage (*sortir du jour*); diese scheint mir der gewöhnlichen Bedeutung des Verbs und der Präposition am meisten gemäfs zu sein. Übrigens beweisen verschiedene Stellen, dafs der Tag jemandes seine irdische Lebensdauer ist. Aus dem Tage oder aus seinem Tage herausgehen, das heifst nicht eigentlich das Leben verlassen und die Existenz für immer verlieren: Leben [Hieroglyphen] giebt es auch noch jenseits des Grabes; es heifst nur von dieser beschränkten Dauer des irdischen Lebens befreit sein, weder Anfang noch Ende mehr haben, ein Dasein ohne zeitlich und räumlich gesteckte Grenzen führen; daher wird der Ausdruck „ausgehen aus dem Tage" so häufig durch die Worte ergänzt: „unter allen Formen, welche der Verstorbene will". Kurz, ein von den Grenzen der Zeit und des

Raumes befreites Wesen werden, das verstehe ich unter „ausgehen aus dem Tage". LIEBLEIN hat gegen diese Erklärung eingewandt, daſs sie in wenige Wörter, deren Sinn ihm vollkommen klar und sehr einfach erscheint, zu viele Ideen lege. Ich muſs gestehen, daſs mich das Studium des Todtenbuches zu einem entgegengesetzten Schlusse geführt hat. Ungenügend finde ich meine Übersetzung darin, daſs sie zu wenig besagt, sie hält sich zu sehr ans Buchstäbliche, sie ist zu genau, und da sie eine Erklärung erfordert, so hat sie für mich einen durchaus conventionalen Character. Die von mir gegebene Erklärung, weit entfernt über den Inhalt des ägyptischen Ausdrucks hinauszugehen, faſst nicht einmal alles zusammen, was die Handlung oder den Zustand des 𓉐𓂋𓏌𓅓𓉔𓂋𓅱𓇳 ausmacht. Statt den Ausdruck zu zerlegen und in seine Bestandtheile aufzulösen, nehme man ihn als ein Ganzes mit einer besondern, aller Wahrscheinlichkeit nach bildlichen Bedeutung, die wir nicht verstehen, weil wir die Wörter immer in ihrem eigentlichen Sinne auffassen; man prüfe alle Stellen, wo sich dieser Ausdruck findet, man studiere alle Ideen, welche er in sich schlieſst, alle Bedingungen, welche er unterlegt, alle Eigenschaften, welche er dem Verstorbenen, auf den er Anwendung findet, beilegt, und man wird sich überzeugen, daſs noch keine Übersetzung die drei ägyptischen Wörter auf befriedigende Weise wiederzugeben vermocht hat. Wir haben in unserer Sprache das Wort noch nicht gefunden, welches, wenn es dem ägyptischen Ausdrucke nicht genau entspricht, doch die meisten in dem *per em hru* enthaltenen Ideen wiedergiebt. Es ist weder Wiedergeburt, noch Wiedererscheinung, noch Auferstehung; und gleichwohl liegt in jedem dieser Wörter etwas Richtiges und mehr als in den buchstäblichen Übersetzungen, welche die einen und die andern vorgeschlagen haben.

Ein anderer, ziemlich häufiger, allgemeiner Titel des Todtenbuchs ist 𓉐𓂋𓏌𓅓𓄿𓐍 „das Kapitel der Vervollkommenung des Verstorbenen". Dieser Titel ist von dem vorigen seiner Art nach verschieden; er giebt ein zu erreichendes Ziel an, nämlich die Vervollkommenung. Auch hier entspricht das Wort dem ägyptischen Begriffe schlecht. Ein [hieroglyphs] ist ein Verstorbener, dem die verschiedenen Götter, vor welchen er erscheint, gewisse fundamentale Eigenschaften und damit ein Anrecht auf verschiedene Vorzüge verleihen, besonders auf den, an den Opfergaben Theil zu haben, welche man den Göttern darbringt. So ist er [hieroglyphs] „im Herzen des Ra", d. h. ein Gegenstand seiner Liebe; [hieroglyphs] „mächtig vor Tum". [hieroglyphs] „gross vor Osiris" u. s. f. Das will nicht besagen, dass die so betitelten Kapitel nicht auch einen Theil des [hieroglyphs] bildeten: die Varianten des Kap. 15. B. III zeigen uns beide Titel neben einander; überdies waren das nicht die einzigen Kapitel, welche dem [hieroglyphs] nöthig waren, auch andere, wie 78 und 125[1]), waren ihm heilsam.

Die Geschichte des Todtenbuchs bleibt noch zu schreiben. Auf den Ursprung des Buches zurückzugehen und seine anfängliche Form wiederzufinden sowie zu bestimmen, wann jeder Theil auf den ersten Stamm gepfropft worden ist, das sind Aufgaben, welche sich nicht eher lösen lassen, als bis reichlichere Publicationen besonders in Bezug auf das Alte und Mittlere Reich gemacht worden sind. Gegenwärtig haben wir nur eine Schicht des Gebäudes errichtet, indem wir das Todtenbuch jener grossen Epoche wiederherstellten, in der die Macht und das Glück Ägyptens ihren Gipfel erreicht hatten. Jetzt ist es leicht die Veränderungen zu studieren, welche das Buch in den spätern Zeiten bis zu den Griechen und Römern herab erfahren hat. Was uns noch grossentheils fehlt, das sind die Entwickelungsphasen des Buches bis zu der Zeit, wo wir es aufgenommen haben. Indess können wir auch für jene Epoche einige allgemeine Thatsachen erkennen.

Das Todtenbuch muss zu den Büchern gehört haben, welche Clemens Alexandrinus die hermetischen nennt, und deren Abfassung die Sage dem Gotte Thoth selbst beilegte. Abgesehen von dem Character dieses Buches selbst als eines heiligen, ergiebt sich seine Eigenschaft als hermetisches Buch daraus, dass in den Kapiteln mit historischer Nach-

---

[1]) Vergl. die Beschreibung von *Ik*.

schrift (30 B, 64, 137 B, 148) als der Ort, wo das Buch entdeckt worden ist, beständig 〈hierogl.〉 oder 〈hierogl.〉, d. i. beides Hermopolis, bezeichnet wird; und der Text fügt hinzu, daſs das Buch von der Hand des Gottes selbst, unter dessen Füſsen es gefunden wurde, geschrieben war. Dadurch soll augenscheinlich dem Thoth die Abfassung des Buches beigelegt werden. Die besondere Categorie von hermetischen Büchern, zu der es gehörte, wird die des Propheten gewesen sein, wie Lepsius sagt; sie umfaſst jene, „welche die hieratischen oder Priesterbücher hieſsen, von den Gesetzen und von den Göttern handelten, d. h. von der höchsten theologischen Bildung[1]".

Muſs man, weil dieses oder jenes Kapitel in Hermopolis gefunden sein soll, auch dort den Ursprung des Todtenbuchs suchen? Ohne Zweifel nicht. Diese Angabe ist zum Texte hinzugefügt, um den heiligen Character des Buches hervorzuheben, ebenso wie die Erwähnung der Könige des Alten Reiches dem Werke ein hohes Alterthum zuerkennen soll. Der Ort, dem das Todtenbuch oder wenigstens die Grundkapitel desselben entstammen, ist die Stadt, welche als die älteste ägyptische betrachtet wurde und welche eigentlich die religiöse Hauptstadt war, Heliopolis, und die Lehre, welche es enthält, ist die der Priester von On.

Davon wird man sich leicht überzeugen, wenn man die hervorragende Stelle betrachtet, welche Heliopolis im ganzen Todtenbuche einnimmt. Fast kein Kapitel von irgend welcher Bedeutung unterläſst es diese Stadt zu erwähnen. Schon im 1. Kapitel wird von dem Tage gesprochen, wo man die Worte in der groſsen Halle des Tempels von On prüft. Im 17. Kapitel ist es der Gott Tum selbst, der Gott von Heliopolis, welcher das Wort ergreift; On wird mehrfach genannt und Z. 18 findet man auf der Leinewand *Thotmes III* diese merkwürdige Variante: 〈hierogl.〉[2] „ich gehe alltäglich nach On, meiner Stadt". Eben dahin führt uns auch der Schluſs des Kapitels. Im

---

[1] Lepsius, Chronologie I. p. 45.
[2] Vergl. auch Z. 57.

18. Kapitel wird zuerst On aufgeführt, und dort feiert man das Fest der Vernichtung der Feinde des Neberter. Es würde zu weit führen, wollten wir alle Beispiele, in denen Heliopolis vorkommt, herzählen. Von dort erscheint der *Bennu* und dort wird das Gericht abgehalten. Wenn der Verstorbene aus der Halle der beiden Gerechtigkeiten hervorgeht, so befindet er sich, wie uns die Varianten der Königsgräber lehren, in ⌂, welches der Tempel von Heliopolis ist. Man darf jedoch den geographischen Namen nicht buchstäblich nehmen. Wenn der Verstorbene von On spricht, so hat er nicht die irdische Stadt im Auge, in der er bei Lebzeiten vielleicht niemals gewesen ist, sondern ein erdichtetes On, welches er sich in der andern Welt vorstellt. Es verhält sich mit On ähnlich wie mit Jerusalem in den Schriften der Hebräer. Für diese giebt es ein himmlisches Jerusalem, nach dem Vorbilde der irdischen Stadt, aber mit allem Glanze der idealen Welt ausgestattet, in welcher es sich befindet. Der Ägypter pflegte On als das Sanctuarium *par excellence* zu betrachten: er kannte es als die Wohnung des mächtigsten der kosmischen Götter, Tum Ra; er gab dort ein zahlreiches und wichtiges Priestercollegium, das Sanctuarium rührte aus hohem Alterthum her: Ra selbst sollte angeblich dort geherrscht haben und wenn man sich die Wohnung des Tum in der zukünftigen Welt vorstellte, so gab man ihr ganz natürlicherweise den Namen On. Auch ist diese Örtlichkeit der Mittelpunct des gesammten mythologischen Lebens und der ganzen Thätigkeit der kosmischen Götter; und es begreift sich, dafs eine solche Tradition nur von Heliopolis ausgehen konnte, von der Stadt selbst, welche sich in der jenseitigen Welt eine so bevorzugte Stelle sicherte.

On ist im Todtenbuche das eigentliche Sanctuarium, die wahre Residenz des Gottes Tum Ra, des Richters Osiris, der neun kosmischen Götter. Dorthin strebt der Verstorbene zu gelangen (Kap. 53): es ist mit einem Worte die Hauptstadt des mythologischen Landes oder der mythologischen Welt. Denn es giebt eine Geographie des Todtenbuchs. Man findet Namen darin, welche sich nur auf die himmlischen Gegenden beziehen und keinen Örtlichkeiten in dem wirklichen Ägypten entsprechen:

4*

aber es giebt auch einige wenige Namen, welche uns wohlbekannte und bestimmte Örtlichkeiten des Landes bezeichnen, deren Sinn aber ein durchaus verschiedener ist, wenn es sich um die andere Welt handelt. Einige dieser Örtlichkeiten sind zu Orientierungspuncten geworden, da man sie an eine bestimmte Stelle des Himmels setzte. Wir berühren da eine noch nicht behandelte Frage, einen jener noch zu erforschenden Puncte, deren es im Todtenbuche viele giebt. Was bedeuten die geographischen Namen wie [hieroglyphs], [hieroglyphs], [hieroglyphs], [hieroglyphs]? Ich kann diese Untersuchung hier selbstverständlich nicht unternehmen, da sie mehr Raum in Anspruch nimmt, als ich ihr zugestehen kann; ich glaube jedoch behaupten zu können, dafs diese Worte in sehr vielen Fällen neben der eigentlich geographischen Bedeutung eine mythologische haben. Diese beiden Bedeutungen hatten ohne Zweifel einen Berührungspunct; in der ägyptischen Stadt gab es vermuthlich eine Ceremonie oder einen heiligen Gegenstand, der ihn mit der mythologischen Örtlichkeit verknüpfte; dabei brauchte die Lage der irdischen Stadt mit der, welche ihr in den himmlischen Regionen angewiesen wurde, nicht nothwendigerweise übereinzustimmen. Als Beispiel führe ich [hieroglyphs] an, die Hauptstadt des 9. unterägyptischen Nomos, welche in der Regel für die Stadt Busiris gehalten wird. In den meisten Stellen des Todtenbuches, wo dieser Name vorkommt, stellt er eine Örtlichkeit oder eine Gegend dar, welche augenscheinlich im östlichen Himmel gelegen ist, so dafs man sie selbst als das Sinnbild dieser Himmelsrichtung betrachten kann. Im Kap. 16 A ist [hieroglyph] das Symbol der aufgehenden Sonne, im Kap. 100, 1 steht [hieroglyphs] im Parallelismus mit [hieroglyphs]; dort soll der Verstorbene empfangen und geboren werden (Kap. 1), dort den Hauch des Lebens bekommen (Kap. 57), denn wie es der Titel zu Kap. 182 uns lehrt, sind [hieroglyphs] und [hieroglyphs] zwei zusammengehörige Acte; dort soll das Umgraben vorgenommen werden (Kap. 18), die erste der landwirthschaftlichen Arbeiten, welche als im Osten stattfindend gedacht wird. Und noch andere Beweise liefsen sich dafür beibringen. Daraus ersieht man, was die mythologische Bedeutung eines Ortsnamens besagen will, sie kann sich sehr weit von der ursprünglichen Bedeutung entfernen, da die Orientierung in beiden Fällen nicht immer die nämliche ist. Von Heliopolis ist Busiris nicht östlich, sondern vielmehr nördlich gelegen.[1])

Das Todtenbuch ist aus Heliopolis hervorgegangen und spiegelt besonders die Lehre der Priester dieser Stadt wieder: es läfst sich jedoch nicht behaupten, dafs nicht einige Kapitel auch einen andern Ursprung haben. Es würde z. B. mich nicht überraschen, wenn das 172. Kapitel, welches nur in einem memphitischen Papyrus vorkommt (London 9900), in Memphis verfafst wäre. Ich möchte es deshalb glauben, weil Ptah in den ersten Zeilen dieses Kapitels eine Hauptrolle spielt. Indefs ist das nur eine Muthmafsung, denn selbst in diesem Kapitel kommen die Götter von On wiederholt vor. Dagegen können wir dem 171. Kapitel 𓏲𓏲𓏲 fast mit Bestimmtheit einen thebaischen Ursprung zuschreiben, es kommt nur in zwei Papyren vor (Bulaq 21, Cc und Brocklehurst II, Ax). Der Verstorbene wendet sich nach einander an eine grofse Zahl von Gottheiten und fängt mit denen von Heliopolis an, dann nennt er 𓏲𓏲𓏲 „Menthu von Theben und Ammon". Es ist das einzige Mal im Todtenbuche, dafs diese Gottheiten genannt werden und dafs der Name Thebens 𓏲 vorkommt, und zwar in beiden Exemplaren. Eins derselben (Cc) erwähnt noch eine andere Localgottheit, 𓏲𓏲𓏲 „Sebek von Schet", die indefs in Ax ausgelassen ist. Man könnte daher in diesem Kapitel mit grofser Wahrscheinlichkeit eine von Theben ausgegangene Interpolation annehmen, die im Vergleich zu dem übrigen Buche ziemlich späten Ursprungs sein mufs. Was nämlich bei der Bestimmung des Zeitalters des Todtenbuchs hauptsächlich ins Gewicht fällt, das ist der Umstand, dafs der Name Ammons so wie alles auf seinen Cult Bezügliche und alle Örtlichkeiten, worin er verehrt wurde, darin vollständig fehlen. Während wir 𓏲𓏲 einmal antreffen, finden wir die Hauptgottheit Thebens nirgends. Jedesfalls war

---

[1]) Die Örtlichkeit, welche den Westen bezeichnet, scheint mir Abydos 𓏲𓏲𓏲 zu sein.

die Rolle Ammons in dem ägyptischen Pantheon eine bedeutende, und Theben, seine Residenz, ohne Zweifel eine viel wichtigere Stadt, als die meisten andern der im Todtenbuche genannten. Wenn die Götter und Tempel dieser Stadt mit Stillschweigen übergangen werden, so ist das sicherlich deshalb geschehen, weil die Abfassung des Buches in eine frühere Zeit zurückgeht als der Cult des Ammon, und dafs man später in dem Wunsche, dem Werke seine archaische Farbe zu erhalten, Anstand genommen hat, in dasselbe Dinge zuzulassen, welche diesen Character geändert hätten. Denn wenn man die Texte vergleicht, welche die thebaischen Priester in den Gräbern der Könige einmeifseln liefsen, so kann man nicht eben zugeben, dafs die Lehre der beiden Städte Theben und Memphis nicht in Einklang gewesen wäre. Wir haben also in Kap. 171 eine sehr seltene Ausnahme festgestellt. Augenscheinlich herrschte der Cult des Ammon zu der Zeit, wo dieses Kapitel geschrieben wurde, und da es aufserdem Sebek von Schet erwähnt, eine der Lieblingsgottheiten der Amenemha und Sebekhotep, so kann man sicher sein, dafs es jünger ist als die XIII. Dynastie.

Ein anderer Beweis für das hohe Alter des Todtenbuches ist die Erwähnung mehrerer Könige: von zwei Kapiteln soll das eine (Kap. 130) nach dem Turiner Papyrus unter der Regierung des Usaphaïs der I. Dynastie, das andere (Kap. 64) unter der des Mycerinus der IV. Dynastie aufgefunden worden sein. Aber in dieser Beziehung stimmt die alte Tradition mit der der Saïten nicht überein. Auch mufs man sich natürlich fragen, ob die Nachrichten, welche die Nachschriften dieser Kapitel liefern, für authentisch zu halten sind. Was unsern Glauben daran erschüttern kann, ist gerade die Uneinigkeit zwischen den beiden Epochen, und dafs man bei der Revision des Werkes unter den Saïten die ältere Tradition willkürlich geändert hat. Dafür können wir aber bei einem Kapitel eine Tradition feststellen, welche sich von der XI. Dynastie bis in die XXI. erhalten hat.

Der Turiner Papyrus schreibt dem Usaphaïs das 130. Kapitel zu und dem Mycerinus das 64. mit dem darauf folgenden vom Herzen, welches wir 30B genannt haben. In der thebaischen Epoche enthält das 130. Kapitel keine Nachschrift mit einem Königsschilde, die Urheberschaft des Usaphaïs scheint also eine spätere Erfindung zu sein, doch finden sich die beiden Königsnamen anderswo wieder. Auch die Verschmelzung von 64 und 30B scheint neuern Datums zu sein, denn in den alten Texten sind sie nicht vereinigt; am häufigsten wird 30B mit der Psychostasie zusammengestellt, zu der es gehört. Auf 30B findet die Nachschrift mit dem Namen des Mycerinus Anwendung, wie wir aus dem Papyrus in Parma ersehen. Seltsamerweise findet sich dieselbe Nachschrift in den beiden thebaischen Papyren Pc und Le über der Psychostasie, aber ohne Kap. 30B, welches sie scheinbar ersetzt; in diesen beiden Texten ist sie zu Kap. 148 hinzugefügt und an dieser Stelle habe ich sie in dieser Ausgabe wiedergegeben (I. 167). Im Papyrus Aa hat das 64. Kapitel zwei Recensionen von ungleicher Länge: die kürzere ist der in Ca sehr ähnlich, welche aus der Regierung des Usaphaïs datiert ist. Wenn wir auf den Sarg der Königin Menthuhotep der XI. Dynastie[1]) zurückgehen, wo sich Kap. 64 gleichfalls zweimal findet, so sehen wir, dafs es schon dort einmal dem Usaphaïs zugeschrieben wird; und wenn wir bis in die XXI. Dynastie herabsteigen, im Papyrus der Netemt oder einem gleichzeitigen Texte in Leyden, immer wird Usaphaïs genannt. Angesichts einer so beständigen und so alten Tradition können wir wohl behaupten, dafs wenigstens gewisse Theile des Todtenbuchs auf die ersten Zeiten der ägyptischen Monarchie zurückgehen, und wenn wir dazu die oben erwähnte Thatsache halten, dafs alles auf den Cult des Ammon Bezügliche in demselben fehlt, so können wir dreist schliefsen, dafs das Buch älter als die XI. Dynastie ist. Es verdient Beachtung, dafs die Könige Usaphaïs und Mycerinus, die doch Memphiten gewesen sein müssen, nur in den thebaischen Papyren erwähnt werden. Die gröfste memphitische Urkunde, welche wir besitzen, der Papyrus Aa, nennt keinen der beiden Könige. Und dennoch datirt er ein Kapitel, welches er

---

[1]) Goodwin, Zeitschrift 1866 p. 55.

allein in diesem Umfange überliefert, 137A. Die Nachschrift desselben, ganz ähnlich der zu 148 oder 30B, besagt, daſs der königliche Sohn *Hortetef* das Buch, von der Hand des Gottes geschrieben, in einem geheimen Kasten aufgefunden habe, als er die Tempel von Unter- und Ober-Ägypten inspicierte. Nun wissen wir aus andern Texten, daſs Hortetef der Sohn des Mycerinus war; demnach würde also die Entdeckung des Buches unter die Regierung dieser Fürsten verlegt werden.

Wie wir oben bemerkt haben, können wir das Todtenbuch des Alten und Mittlern Reiches noch nicht wiederherstellen; aber wir dürfen behaupten, daſs, mit alleiniger Ausnahme der erwähnten Sarginschrift der Königin *Menthuhotep*, alle uns bekannten Urkunden dieser frühen Epochen in Hieroglyphen und nicht hieratisch geschrieben sind. Die Sarkophage des Alten Reiches, die uns erhalten sind[1]), die der XI. Dynastie, wie des *Amam* im Britischen Museum oder des *Antef* im Berliner Museum[2]), das Grab der Königin 𓊽𓊽𓊽, welches ich in Dêr-el-bahri copiert habe, alle stellen den nämlichen Schriftstil dar wie das Grab des *Amenemha* der XVIII. Dynastie oder die von uns benutzten Papyri, d. h. eine Mittelschrift zwischen den beiden Stilen, eine abgekürzte Hieroglyphenschrift, in welcher gewisse Zeichen fast die hieratische Form haben, während andere erkennbare Bilder geblieben sind. Nicht als ob die hieratische Schrift nicht existiert hätte, die wir doch in den alten Berliner Papyren und im Papyrus Prisse finden, sondern man hat sie für funeräre Texte nicht angenommen und sich an die mehr oder weniger gut gezeichneten Hieroglyphen gehalten. Diese zweifellose Thatsache widerstrebt der oben angeführten Meinung E. DE ROUGÉ's. Nicht im Hieratischen haben wir den ältesten Text des Todtenbuches, sondern im Gegentheile ist der hieroglyphische Text der ältere, den man beibehalten hat, obgleich für andere Bücher die hieratische Schrift angewandt wurde.

Dieser ausschliefsliche Gebrauch des Hieroglyphischen in den fune-

---

[1]) LEPSIUS, Denkmäler II. 99.
[2]) LEPSIUS, Denkmäler II. 145.

rären Texten scheint mir einen doppelten Grund gehabt zu haben. Zuvörderst ist diese Schrift die ältere, die sorgfältigere und deshalb die für heilige Texte, welche mehr respectiert wurden als die übrigen, geeignetere. Da die hieroglyphische Schrift stattlicher ist, so konnte man durch dieselbe gewissermafsen die Werthschätzung des Buches ausdrücken, ähnlich etwa wie wir gewisse Namen und Wörter durch grofse Anfangsbuchstaben auszeichnen. Sodann glaube ich, dafs die Texte des Todtenbuchs ursprünglich entweder auf die Wände des Grabes, wie die Pyramidentexte, oder häufiger noch auf die Sarkophage gemeifselt oder gemalt wurden. Mir ist es wahrscheinlich, dafs man zum Papyrus seine Zuflucht genommen hat, um die Sargmalereien zu ersetzen, vielleicht auch um sie zu vervollständigen, wenn man dem Verstorbenen eine reichere Auswahl von Texten mitgeben wollte, als sich auf dem beschränkten Raume der Seiten seines Sarkophags anbringen liefs. Eine solche Überlieferung mufste rasch verloren gehen, aber sie würde erklären, warum man für die Leichenpapyri die monumentale Schrift beibehalten hat. Diese Schrift ist weit entfernt vollkommen zu sein, man bemerkt das Bestreben sie zu vereinfachen und so die Reproduction der Texte rascher und mit weniger Kosten zu beschaffen; aber sie mufste dabei monumentale Schrift bleiben, d. h. ihren Character als Zeichnung und bis zu einem gewissen Grade ihren ornamentalen Zweck bewahren. Wenn man dieser dem Todtenbuch eigenen Mittelschrift einen Namen geben wollte und wenn man mit einer seit CHAMPOLLION bestehenden Tradition brechen könnte, so müfste man sie wohl die hieratische nennen, da sie nur für heilige Texte Anwendung gefunden hat, mehr als die andere, welche schliefslich doch nur eine Cursivschrift ist.

Dieser Schriftstil, den ich fortfahren werde hieroglyphisch zu nennen, hat bis ans Ende der XX. Dynastie und bis in den Anfang der XXI. Dynastie gedauert. Die Veränderungen, welche er erlitten hat, haben seltsamerweise einen entgegengesetzten Gang gehabt als man erwarten sollte, d. h. statt mit der XIX. und XX. Dynastie mehr und mehr cursiv zu werden, nähert sich die Schrift im Gegentheile mehr und mehr der reinen Hieroglyphe. Der Unterschied ist zwischen mehreren der von uns zu dieser Ausgabe benutzten Papyri sehr merklich. Man nehme z. B. das 1. Kapitel des Papyrus *Ag*, der mitten aus der XIX. Dynastie ist, und vergleiche es mit einem beliebigen Stücke aus *Aa*, *Pb* oder *Cc*, die aus der XVIII. Dynastie sind, und man wird sich überzeugen, wie viel vollendeter die Zeichen in *Ag* sind. So unterscheidet dieser Text sorgfältig den Horussperber 𓅂 von der Schwalbe 𓅨, während in den andern drei Texten derselbe unvollkommene Vogel alle beide bezeichnet. Dieser Unterschied findet sich auch in *Ba* aus dem Ende der XIX. Dynastie wieder: der Sperber ist immer mit Sorgfalt gezeichnet, aber in der Regel folgt ihm ein rein hieratisches Zeichen 𓏤 (Kap. 1B, Z. 14). In dieser Epoche bemerkt man wohl, daſs es neben der heiligen Schrift eine cursive gab, denn wenn der Schreiber ein Zeichen ausgelassen hat oder es sehr klein machen will, so wendet er manchmal die hieratische Form an (Kap. 1B, Z. 15, Kap. 44, Z. 14). Man könnte viele Beispiele anführen und an einzelnen Characteren, wie dem Widder, der Gans und mehreren stehenden Männern zeigen, wie groſs der Unterschied zwischen den Papyren aus dem Ende der thebaischen Epoche und denen aus ihrem Anfange ist: am auffallendsten ist er in *Bd* (Kap. 168B). Hier hat selbst das 𓅂 seine richtige Form, das Schilfblatt 𓇋 ist vollständig, es sind Hieroglyphen in ihrer ganzen Vollkommenheit.

Wir haben bereits oben die Gründe dargelegt, welche uns genöthigt haben auf eine Sammlung der Texte des Alten und Mittlern Reiches zu verzichten und uns auf die der thebaischen Epoche zu beschränken. Da wir uns in diesen Grenzen hielten, so durfte unsere Ausgabe nur hieroglyphische Texte umfassen; denn wir kennen keine funerären Leichenpapyri, welche aus der Zeit der XVIII. Dynastie stammten. In dieser Epoche ist das Hieratische für das Todtenbuch nicht im Gebrauch gewesen; sonst würden uns höchst wahrscheinlich etliche Überbleibsel erhalten geblieben sein. Um das Hieratische zu finden, muſs man in die XX. und XXI. Dynastie herabgehen. Dadurch war unsere untere Grenze vorgezeichnet. Unsere Ausgabe liegt vor der allgemeinen

Annahme der hieratischen Schrift. Das Hieroglyphische trifft man nach jener Zeit nur noch ausnahmsweise an und erst unter den Saïten sollte es wiedererscheinen.

Wenn man die Papyri der spätthebaischen Epoche, wie ich sie nennen will, prüft, so erkennt man mit Sicherheit, dafs das Verständnifs der Hieroglyphen verloren gegangen war. Schon früher konnte man, wie sich unten zeigen wird, bei den Schreibern Nachlässigkeit in der Weise, wie sie sich ihrer Aufgabe entledigten, bemerken: es mochte hier und dort ein Unwissender unter den Copisten sein, der gröfsere Theil der Texte ist jedoch von Männern geschrieben, die den Sinn verstanden. Unter der XX. und XXI. Dynastie verlor sich dies Verständnifs. Der Verfall bemächtigte sich des ganzen Reiches und mufste bald zur Anarchie führen. In dieser Zeit, als man die Gräber plünderte und als es sogar organisierte Banden gab, die sich auf diese Weise bereicherten, war die Ehrfurcht vor dem Heiligen stark erschüttert. Viele alte Gewohnheiten mufsten verloren gehen und in Sonderheit die, funeräre Texte in einer Schrift zu schreiben, welche man nicht mehr verstand und welche zu lernen man für unnütz hielt. In dieser Zeit sind diese äufserlich so schönen Papyri geschrieben, die in Hinsicht des Textes nichts taugen. Die Schreiber wufsten nicht mehr, an welcher Seite sie anfangen sollten oder nach welcher Richtung sie schreiben mufsten, und daraus sind jene grofsentheils verkehrt geschriebenen Urkunden entstanden, wie der Papyrus der Königin *Netemt* und der der Königin *Honttaui* (Bulaq No. 22), oder solche, die es ganz und gar sind, wie der der Sängerin des Ammon (Leyden III). Ein Schreiber, der auch nur unvollkommen verstand was er vor Augen hatte, würde einen Text nicht auf diese Weise copiert haben. Diesen Irrthum könnte man in früherer Zeit, wenn er sich ausnahmsweise und in beschränktem Umfange zeigt, durch Nachlässigkeit erklären, er mufs aber der Unwissenheit beigemessen werden, wenn er sich auf ganze Urkunden erstreckt.

Dann erscheinen die hieratischen Papyri, welche die hieroglyphischen bald ganz verdrängen. Die vorsaïtischen Papyri in hieratischer Schrift bilden eine sehr beachtenswerthe Gattung, und ihr noch nicht begonnenes Studium würde sich sachgemäfs an diese thebaische Ausgabe anschliefsen müssen. Der Text der ersten hieratischen Papyri, d. h. der auf die XX. Dynastie folgende, steht dem thebaischen Texte viel näher als dem saïtischen; er mufs mit dem erstern verglichen werden und nicht mit dem andern. Man sieht, dafs die saïtische Revision noch nicht stattgefunden hat, folglich auch die Reihenfolge der Kapitel noch nicht festgestellt ist, und, so viel ich weifs, waren auch die vier letzten Kapitel des Turiner Todtenbuchs in den Codex noch nicht aufgenommen. Die Zahl dieser Papyri ist sehr grofs und fast jedes Museum von irgend welcher Bedeutung hat deren einen oder mehrere, welche öfters mit einer Adoration des Ra Tum oder Harmachis beginnen und für irgend eine Sängerin des Ammon geschrieben sind. Es giebt solche in Turin, in Bologna, in Berlin, in der Sammlung Belmore und mehrere im Louvre; eine aufmerksame Nachforschung würde vermuthlich noch viele andere entdecken. Manche dieser Urkunden lassen sich genau datiren. So findet sich in Theben das Grab eines Mannes namens 𓏭𓏤𓏏𓏪, der unter Ramses IX. lebte[1]). Seine Mutter hiefs 𓏭𓏤𓏏𓏪, der Papyrus derselben befindet sich zu einem Theile im Louvre und zum andern in einer Privatsammlung. Sein Sohn hiefs 𓏭𓏤𓏏𓏪, der Papyrus desselben ist im Turiner Museum. Der grofse Fund von Dêr-el-bahri hat uns nicht nur neue Urkunden geliefert, wie die Papyri in Bulaq, den Papyrus Brocklehurst I und den des *Pinetem*, der dem Oberst CAMPBELL gehört; er gestattet uns auch, Papyren, die lange bekannt sind und irgend einem Gliede der zahlreichen Familie der Priesterkönige gehören, ihren richtigen Platz und ihre Zeit anzuweisen. In dieser Hinsicht würde die hieratische Ausgabe des Todtenbuchs der unsrigen überlegen sein: die Datierungen würden genauer sein. Ich will beiläufig bemerken, dafs man in diesen Texten eine fast regelmäfsige Variante für den Namen des Gottes Tum findet, nämlich 𓏭𓏤 oder 𓏭𓏤[2]). Dieses merkwürdige Wort ist

---

[1]) CHAMPOLLION, Notices I, 560.
[2]) SCHIAPARELLI, Sentimento religioso degli antichi Egiziani, p. 65.

weit entfernt, den späten Texten eigenthümlich zu sein, vielmehr gehört es den ersten hieratischen an. Die bedeutendste Urkunde dieser Epoche, welche ich kenne, ist die als Papyrus de Luynes bekannte, welche zwischen dem Louvre und der Bibliothèque nationale zu Paris getheilt ist. Ich glaube nicht, dafs für diese Zeit eine wichtigere vorhanden ist, und es ist bedauerlich, dafs nicht diese eher als manche neuere hieratische Texte veröffentlicht worden ist. Auch dieser Papyrus hat die eben erwähnte Variante.

Später hat die Codification des Todtenbuches stattgefunden, wahrscheinlich unter den Saïten; damals hat man die vier letzten Kapitel hinzugefügt, welche mehrere seltsame und fremdartige Wörter enthalten. Damals wurde die Reihenfolge und der Text festgestellt; die Papyri sind in der Länge immer noch sehr verschieden, aber die Aufeinanderfolge der Kapitel ist mit wenigen Ausnahmen dieselbe wie im Turiner Papyrus. Die Varianten sind viel weniger wichtig und bestehen hauptsächlich in Berichtigungen von Irrthümern und in orthographischen Verschiedenheiten. Die ptolemäischen Texte unterscheiden sich wenig von den saïtischen; es ist oft schwer, die Papyri der späten Epoche, an denen die Sammlungen so reich sind, zu datieren. Sie sind hieroglyphisch oder hieratisch: vermuthlich waren die, welche den ersten Schriftstil wählten, Liebhaber des Archaistischen, indem sie ihrem Papyrus einen alterthümlichen Character verleihen wollten.

Somit unterscheiden wir im Texte des Todtenbuchs vier Phasen, welche vier Perioden seiner Geschichte entsprechen:

1. Der Text des Alten und Mittlern Reiches, der erst unvollkommen bekannt ist und dessen Sammlung noch zu machen bleibt; er ist in der Regel hieroglyphisch geschrieben.

2. Der thebaische Text der XVIII. bis XX. Dynastie, in Hieroglyphen geschrieben.

3. Der hieratische Text nach der XX. Dynastie, dessen Redaction dem thebaischen Texte nahesteht und noch keine feste Reihenfolge der Kapitel hat.

4. Der saïtische und ptolemäische Text, welcher eine Codification mit fester Reihenfolge der Kapitel erfahren hat und hieroglyphisch oder hieratisch geschrieben sein kann.

Ehe wir zur Beschreibung der einzelnen Papyri übergehen, welche für diese Ausgabe benutzt worden sind, bleiben uns einige Worte über die Art und Weise zu sagen, in welcher die Papyri geschrieben wurden.

Nach der uns erhaltenen Anzahl zu urtheilen, waren die funerären Papyri ein sehr gesuchter Gegenstand; einer bedeutenden Nachfrage mufste ein eben solches Angebot entsprechen, um so mehr als sie gut bezahlt werden mufsten. Es war eine Industrie, welche ihre Arbeiter hatte und in der die Theilung der Arbeit üblich gewesen zu sein scheint. Die Prüfung der verschiedenen Papyri zeigt, dafs der mit der Zeichnung und Ausmalung der Vignette beauftragte Maler nicht immer derselbe war wie der Schreiber, welcher den Text abschrieb. In dieser Beziehung können wir über die von uns untersuchten Papyri die folgenden Beobachtungen machen.

Der eigentliche Leichenpapyrus, welcher der gesuchteste und wahrscheinlich auch der theuerste war, ist der ganz und gar für eine bestimmte Persönlichkeit angefertigte, von welchem nichts in voraus gemacht wurde. Ein gutes Beispiel dieser Art ist *Aa* (London 9900). Der Schreiber hat die Zahl der Kapitel, welche er aufnehmen sollte, berechnet, aber er macht alles nach Mafsgabe; Text und Vignetten gehen zusammen. Manchmal, wenn es ihm pafst das angefangene Kapitel mit einer Columne abzuschliefsen, dehnt er die Titel und Eigenschaften des Verstorbenen mehr als gewöhnlich, aber die Verhältnisse werden immer wohl gewahrt; eine Vignette greift nicht über das nächste Kapitel über, noch veranlafst sie dessen Umstellung. Man erkennt auch an der Führung der Feder, an dem *coup de crayon*, dafs eine und dieselbe Hand Text und Darstellungen gemacht hat. Dieses Verfahren hat zur Folge, dafs die Vignetten weniger zahlreich sind, wie es in *Ca* der Fall ist, und dafs sie in einem so grofsen Papyrus wie *Aa* nicht farbig sind.

Eine andere Gattung von Papyren zeigt uns Vignetten, die in voraus gezeichnet worden sind, während der Text nachträglich hinzugefügt wurde. Das sind die mit den schönen Abbildungen, welche in der Regel ausgemalt sind, oft mit grofser Sorgfalt, sodafs sie ein Kunstwerk bilden. Uns sind viele Urkunden bekannt, in denen der Text erst nach den Vignetten hinzugefügt ist. Man erkennt sie leicht daran, dafs die Vignetten nicht den dem Kapitel, zu dessen Illustration sie dienen sollen, entsprechenden Platz einnehmen; manchmal haben sie mit dem begleitenden Texte gar nichts zu thun und sind durchaus nicht für denselben bestimmt. In solchen Papyren sind die beiden Bestandtheile des Buches oftmals von sehr verschiedener Güte. Während die Vignetten sehr sorgfältig sind und durch ihre schönen Farben und die Sauberkeit der Ausführung das Auge fesseln, ist der Text mitunter äufserst nachlässig von einem Schreiber angefertigt, der weit entfernt war in seiner Specialität so tüchtig zu sein wie der Maler. Man findet Fehler darin, welche sich nur daraus erklären, dafs zwei verschiedene Personen an dem Papyrus gearbeitet haben. In dem grofsen Dubliner Papyrus (*Da*) hat man augenscheinlich mit der Zeichnung der Vignetten zu Kap. 1 angefangen, denen die zu Kap. 17 folgen. Diese Vignetten sind sehr schön und vollständig und füllen fast die ganze Länge des Papyrus aus. Nach Beendigung derselben hat man den Text darunter hinzuzufügen begonnen, indem man die entsprechenden Stellen für den Namen leer liefs, vermuthlich weil der Papyrus noch keinen Käufer hatte. Aber am Ende des 1. Kapitels, welches mit dem der darauf bezüglichen Vignetten zusammentrifft, hat der Schreiber unter denen zum 17. Kapitel wieder mit Kap. 1 begonnen, hat es zu Ende geführt und ist dann zu Kap. 17 übergegangen, welches aus diesem Grunde sehr verkürzt ist und mitten in einem Worte abbricht. Es ist kaum zu glauben, dafs derselbe Schreiber, welcher die Vignetten so genau gezeichnet hatte, einen so groben Fehler begangen habe. So bemerkt man auch in dem nach *Ag* wiedergegebenen Kap. 1, dafs die Vignetten einen gröfsern Platz einnehmen als der Text; und auf dem leer gebliebenen Raume hat man ein kleines Kapitel eingeschoben. Dagegen ist der

Raum, den die Vignetten zu Kap. 17 ausfüllen, für den Text, für den er bestimmt war, viel zu kurz. In dem Papyrus *Ba* ist der ganze letzte Theil schlecht und besteht nur aus rückwärts copierten Wiederholungen von Kapiteln, die schon vorhanden sind. Wir sehen da Vignetten, wie z. B. die zu 153, welche zwar für einen Text vorbereitet, aber sicherlich nicht für den dann darunter gesetzten Galimatias gezeichnet sind. Im allgemeinen kann man behaupten, dafs die auf diese Weise hergestellten Papyri die weniger correcten sind und zugleich die meisten verkürzten Kapitel haben. Nothwendigerweise ist der Schreiber mehr oder weniger von dem Maler, dessen Arbeit vorangegangen ist, abhängig; und da er die ihm gesteckten Grenzen nicht überschreiten kann, so hält er entweder plötzlich in seinem Texte inne, was die beste Lösung ist, oder aber er macht sich mit Hülfe von unzusammenhängenden Satzfragmenten ohne Ordnung den nöthigen Text; dies ist in *Ag* am Ende des 17. Kapitels der Fall.

Ba und *Ag* sind Beispiele von Papyren, deren Vignetten man in voraus gemacht hatte, deren Text aber gleichzeitig mit dem Namen des Verstorbenen, dem sie zugeeignet wurden, nachgetragen worden ist: denn in beiden fügt sich derselbe wohl in die Columnen, ist von derselben Hand und mit demselben Texte geschrieben und nicht in eine zu diesem Zwecke leer gelassene Stelle. In vielen Fällen bereitete man nicht nur die Vignetten, sondern auch den Text vor, indem man für den Namen einen genügenden Raum liefs, in den er später eingeschoben wurde. Wir kennen mehrere der Art, wie *Ad* und *Pe*, um nur die schönsten zu nennen. Der Name kann sich, wie in *Ax*, auch nur zwei oder dreimal finden, oder auch kann er vollständig fehlen, wie in *Pa*, *Ac*, *Ab*, mögen das nun Exemplare sein, die keinen Käufer gefunden hatten, oder möge man die Einschreibung des Namens vielmehr für überflüssig gehalten und schon die Mitgabe des Papyrus für genügend erachtet haben, oder möge man endlich beabsichtigt haben, dafs derselbe Text mehreren Todten zugleich dienen sollte. In dieser Beziehung steht der Papyrus *Ai*, der zwischen London und Liverpool getheilt ist, einzig da. Diese Urkunde hat den Namen eines Verstorbenen gehabt, der an allen Stellen, wo er vorkommt, sorgfältig ausgemerzt ist, weil man den Papyrus entweder verkaufen oder ihn einem andern zu Gute kommen lassen wollte. So haben wir Beispiele von jeder Art, wie die Leichenpapyri geschrieben wurden.

In wie weit die Abschreiber von dem, was sie copierten, Verständniss hatten, das ist eine heikle Frage, auf welche man eine gleichförmige Antwort für alle Epochen, selbst ohne aus den Grenzen dieser Ausgabe hinauszugehen, nicht geben kann. Mir unterliegt es keinem Zweifel, dass die Personen, welche die dieser Ausgabe zu Grunde gelegten Papyri, wie *Aa*, *Ab*, *Ad*, *Ca*, *Pa*, *Pb*, *Pc* und selbst die meisten der im folgenden Kapitel aufgeführten, geschrieben haben, verstanden was sie copierten. Unter den Fehlern, deren sie sich nicht wenige zu Schulden kommen lassen, muss die Mehrzahl eher der Nachlässigkeit und Unachtsamkeit zugeschrieben werden als vielleicht ihrer mangelhaften Bildung. Man wird in diesen beiden Bänden eine Menge Fehler finden, die ich, nach meinem Grundsatze nichts zu corrigieren, getreu reproduciert habe. Am Ende der XX. Dynastie wird es anders: damals war die Unwissenheit der Schreiber, wie wir festgestellt haben, offenkundig und nur die der Käufer kam ihr gleich.

Einer der häufigsten Fehler ist die rückläufige Copierung der Texte. Wir können uns aus derartigen Exemplaren über die Vorlagen, nach denen sie angefertigt wurden, ein Urtheil bilden. Der Schreiber hat es darin versehen, dass er die Richtung, in der der Text gieng, nicht erkannt und am Ende angefangen hat. Als Beispiel nehme ich, was im Papyrus *Ba* vorgegangen ist. Diese Urkunde enthält zu Anfang Kap. 17 und darauf die Kapitel von den 〈Hieroglyphen〉, nämlich 83, 84, 77, 78, 81, 86, 87, darauf Bruchstücke von 147 und von 146 und 125, mit der Einleitung anfangend. Nun findet man gegen Ende des Papyrus nach Kap. 108 plötzlich die Einleitung zu 125 wieder in der normalen Reihenfolge, aber darauf folgen in verkehrter Richtung die meisten Kapitel, welche wir schon gehabt haben, nämlich 147, 87, 86, 78, 77, 84, 17. Dieser Umstand scheint mir zu beweisen, dafs, da die Reihenfolge der fehlerhaften Kapitel der der correcten entgegengesetzt ist, das Original, nach dem sie copiert worden sind, von links nach rechts geschrieben war; denn da der Schreiber sich in der Richtung getäuscht hat, so ist er auf

A. Fehlerhafter Text.

Vignette zu 153.

seinem Wege genau wieder zurückgekommen. Um mehrerer Klarheit willen reproduciere ich Kap. 77, wie es irrthümlich geschrieben ist und wie es correct sein sollte; nur nöthigen mich die Schrifttypen alle Zeichen nach links zu kehren, was in den Papyren dieser Ausgabe niemals vorkommt.

B. Wiederhergestellter Text.

Hier stehen sich der fehlerhafte Text, so wie er sich am Ende des Papyrus findet (A auf S. 42), und derselbe wiederhergestellt und mit jeder Zeile an ihrer richtigen Stelle, so wie ihn die Vorlage haben mußte (B auf S. 43), gegenüber. Die Richtung der Zeichen, die nach links gekehrt sind, während sie in den thebaischen Papyren immer nach rechts sehen, muß man unberücksichtigt lassen. Es liegt hier ein Versehen in der Anordnung der Columnen vor, das in Folgendem besteht. Der Schreiber hat aus Nachlässigkeit oder aus einem andern, weiter unten zu besprechenden Grunde seine Vorlage einmal am verkehrten Ende vorgenommen und macht nun die Schlußcolumne 7 der Vorlage (B) zu seiner Columne 1. Die Richtung seiner Copie von links nach rechts ändert er nicht; aber da Z. 7 (B) nicht ausgereicht hat um seine Zeile 1 zu füllen, so vollendet er die letztere mit den ersten Zeichen aus Zeile 6 (B), aus deren Rest er seine Zeile 2 und einen Theil seiner Zeile 3 macht, und so fort das ganze Kapitel hindurch. Daraus ergiebt sich, warum die Zeichen [Zeichen] (Z. 6 B), welche auf [Zeichen] in Zeile 5 folgen, in A sich unter die letzten Zeichen der Zeile 1 eingeschoben finden. Statt an das, was ihm vorhergehen sollte, angeknüpft zu sein, ist nun jede Zeile am Ende der ihr folgenden angehängt. Daher die Verwirrung, die dadurch fast unentwirrbar wird, daß die Columnen der Vorlage und die der Abschrift nicht gleiche Länge haben. Angenommen, daß der Copist ein Muster vor sich gehabt hätte, dessen Columnen von gleicher Länge waren und das keine Vignetten hatte, und daß sein eigener Papyrus die gleichen Dimensionen gehabt hätte und seine Columnen für die gleiche Anzahl von Zeichen berechnet gewesen wären wie die Vorlage, so hätte der Irrthum lediglich in der Umdrehung des Kapitels bestanden, so daß der Text von rechts nach links liefe, wie in ziemlich vielen Papyren, die wir kennen. Das ist hier aber nicht der Fall, die Columnen haben in beiden Urkunden nicht die gleiche Länge, auch der für die Vignette bestimmte Raum ist nicht an demselben Platze: daher dieses Durcheinander des Abschreibers, wobei der Kapiteltitel mitten in die letzte Columne geräth. Ganze Papyri sind auf diese Weise geschrieben, und wenn man sich die Mühe geben wollte ihren Text herzustellen, so würde man die Anordnung der Vorlage, nach der sie geschrieben sind, wiederfinden.

Dieses grobe Versehen lehrt uns jedoch, dafs die Vorlagen, deren sich die Copisten bedienten, in verticalen Columnen, also in Hieroglyphen, geschrieben waren. Freilich besitzen wir in den alten Berliner Papyren hieratische Texte in verticalen, sehr kurzen Columnen, aber sie bilden eine Ausnahme; die grofse Menge der hieratischen Texte, selbst der alten, ist in horizontalen Zeilen geschrieben, die einen derartigen Irrthum der Abschrift unmöglich machen. Das ist noch ein weiterer Umstand, welcher beweist, dafs man die ersten Texte des Todtenbuches nicht im Hieratischen suchen darf. Es mufs unter den Vorlagen von rechts nach links laufende Texte gegeben haben, da mehrere der von uns benutzten Papyri so geschrieben sind, und zwar sehr schöne, wie *La*. Diese Richtung ist der der Zeichen conform; die andere, häufigere, hängt, wie LEPSIUS gezeigt hat, mit einer religiösen Vorstellung zusammen. Das Leben wird als ein Weg gen Westen betrachtet, d. h. nach der Rechten. Zugegeben selbst, dafs es in beiden Richtungen geschriebene Vorlagen gegeben hätte, so fragt man sich doch, wie ein Schreiber so leicht ein Versehen wie das eben dargelegte machen konnte. Wenn er nach einem Papyrus immer in derselben Folge copierte, was konnte ihn veranlassen mit einem Male die Richtung zu ändern? warum hat ein Papyrus, dessen Ganzes correct ist, plötzlich ein fehlerhaftes Kapitel, wie es im Papyrus des *Sutimes* (*Pd*) mit Kap. 110 und einem Stücke von 149 der Fall ist? Der Grund scheint der zu sein, dafs die Schreiber nach Mustern copierten, welche um sie herum aufgehängt und wie die Wände eines Zimmers angeordnet waren. Möglicherweise entsprach dies der Idee, wie sie sich diese Texte in der Amenthes geschrieben vorstellten, obwohl mit Ausnahme des Kap. 151 die Orientierung der Kapitel des Todtenbuchs nicht erwähnt wird wie im Buche von der untern Hemisphäre, dessen Nachschriften jedesmal angeben, dafs der Text die genaue Abschrift dessen ist, was man auf einer der vier Wände in dem mysteriösen Gemache der Amenthes sieht.

In Hinsicht auf die orientalischen Gewohnheiten können wir nicht annehmen, daſs die Schreiber wie wir an einem Tische copierten, indem sie ihre Vorlage vor sich hatten und nach Belieben umlegen konnten. Glaublicher ist es, daſs die Muster fest waren und daſs die Schreiber ihren Platz änderten, wie wir es thun, wenn wir die Inschriften der Tempel und Gräber copieren. Wenn man z. B. im Grabe *Seti I.* den Text am Eingange abschreiben will, so wird man bemerken, daſs er links von der Thür anfängt, an der linken Wand bis zum Ende des Saales fortläuft, dann auf die andere Seite überspringt und auf dieser rechten Wand bis an den Eingang zurückkehrt, so daſs die letzte Columne der ersten gerade gegenübersteht. Stellen wir uns jetzt vor, ein Schreiber habe auf diese Weise angeordnete Muster um sich. Wenn er von rechts statt von links anfängt, so wird sein Text von Anfang an rückwärts laufen, oder wenn er am Ende des Zimmers angelangt auf seinen Platz am Eingange zurückgeht und nun die rechte Seite von dort aus copiert, so wird er den von uns im Papyrus *Ba* erkannten Fehler begehen, wenn auch der Anfang seiner Copie vielleicht correct ist. Dies erscheint mir die einzige annehmbare Erklärung dieser irrthümlichen Schreibweisen zu sein. Es ist indessen ein Punct von unerheblicher Wichtigkeit; es ist wesentlicher den Fehler zu erkennen als ihn zu erklären. Wenn ich bei dem Verfahren und den Irrthümern der Schreiber etwas länger verweilt habe, so geschah es, um vor einem blinden Vertrauen zu warnen und zugleich zu zeigen, wie dringend erforderlich es ist mehrere parallele Texte zu haben. So kommen wir auf den Grundsatz zurück, der dieses Werk hat entstehen lassen. Um zum Verständnifs des Todtenbuchs zu gelangen, ist das einzige erfolgreiche Mittel und die einzige anwendbare Methode die Vergleichung.

DRITTES KAPITEL.
Beschreibung der Texte.

Wir wollen nun einzeln alle Papyri untersuchen, welche zur Herstellung dieser Ausgabe gedient haben, und angeben, welche Kapitel sie enthalten. Wir werden sie nach der alphabetischen Ordnung der Signaturen verzeichnen, welche für die einzelnen gewählt worden sind. Diese Ordnung fasst unter demselben Buchstaben die Papyri desselben Landes oder derselben Stadt zusammen.

A. bezeichnet die Papyri in England, nämlich die im Britischen Museum, in Liverpool und in Privatsammlungen befindlichen. Es sind 25 Stück.

B. die Berliner Papyri, 5 Stück.

C. die Papyri in Cairo, 4 Stück.

D. ein Papyrus in Dublin.

F. die Papyri in Frankreich mit Ausschluss von Paris, 2 Stück.

H. ein Fragment in Hannover.

I. die Papyri in den verschiedenen italienischen Städten, 11 Stück.

L. die Papyri in Leyden, 5 Stück.

P. die Papyri in Paris, nämlich die im Louvre, in der Bibliothèque nationale, in dem Cabinet des médailles und in mehreren Privatsammlungen befindlichen, 17 Stück.

T. die Gräber in Theben, deren 6 sind.

A. Papyri in England.

Aa.

Der erste wichtige Papyrus, welcher gleichsam die Grundlage bildet, auf dem das ganze Gebäude errichtet wurde, ist der Papyrus No. 9900 des Britischen Museums, welcher als Papyrus Burton bezeichnet wird und für das Museum im Jahre 1836 angekauft worden ist. Es ist sicherlich der bedeutendste unter den funerären Papyri der thebaischen Epoche. Er mifst etwa 65 Fufs in der Länge und ist in 33 Stücken auf Carton aufgezogen und unter Glas verwahrt. Der Papyrus ist wohl erhalten, mit Ausnahme des Anfangs und des Endes; sein Gewebe ist von heller Farbe. Er ist in jenem Schriftstile gehalten, welchen die datierten Texte, z. B. die Leinwand *Thutmes' III*, als der XVIII. Dynastie eigenthümlich erweisen.

Die Vignetten sind sorgfältig, jedoch nicht farbig, sondern schwarz gezeichnet und von derselben Hand ausgeführt wie der Text. In der Darstellung, wie der Verstorbene die Opfer seines Sohnes empfängt (er ist hier in gröfsern Mafsen als in den übrigen Vignetten gezeichnet), hat derselbe einen dichten Haarwuchs, welcher vorn bis auf die Augenbrauen und hinten bis auf die Schultern herabreicht; er hält in der Hand die Schleife, welche Brugsch als das Zeichen der Initiation betrachtet; er trägt keine Sandalen und unter seinem Stuhle befindet sich das Bücherbehältnifs, das . Seine Frau hat gleichfalls dichtes Haupthaar, welches bis zur Mitte des Vorderarms herabreicht; weiter trägt sie nichts auf dem Kopfe; an dem Bande, welches ihr Haar zusammenhält, hängt eine Lotusknospe, die ihr auf die Stirn herabfällt. In der Hand hält sie eine Lotusblume, deren Geruch sie einathmet; und unter ihrem Stuhle bemerkt man einen Spiegel und ein Riechfläschchen.

Nichts beweist, dafs der Papyrus von verschiedenen Händen geschrieben wäre; er scheint für den Verstorbenen selbst angefertigt worden zu sein und nicht etwa in voraus.

Die Nachrichten des Britischen Museums besagen, dafs dieser Papyrus aus Memphis kommt, mit andern Worten, dafs er in der Necropole von Gizeh oder Saqqârah gefunden worden ist. Wir haben in ihm also ein schönes Beispiel der memphitischen Papyri, welche mit denen aus Theben zu vergleichen anziehend ist. Das Studium der Urkunden in den verschiedenen Museen hat uns noch einige andere Texte kennen gelehrt, die ohne Zweifel memphitischer Herkunft sind, darunter zwei in Leyden und einen in Florenz (*Ib*). Der letztere, gleichfalls auf hellfarbigem Papyrus geschrieben, zeigt solche Ähnlichkeit mit dem unsrigen, dafs er sehr wohl nach demselben Original copirt sein kann.

Schon die Titel des Verstorbenen hätten genügt, um uns die memphitische Herkunft des Papyrus zu beweisen. Sie sind recht verschiedene, aber sie stehen alle mit dem Cultus des Ptah in Verbindung. Abgesehen von der gewöhnlichen Bezeichnung 𓀀, welche man durch „Schreiber" übersetzt, die aber sehr häufig mit „Beamter" gleichbedeutend ist, war der Verstorbene ⸻ oder bisweilen ⸻ *Nebseni*, ⸻, ⸻ „Schreiber" oder „Zeichner beim Tempel des Ptah". Das Wort ⸻, welches vorläufig *srer* gelesen werden mufs, scheint mir eine abgekürzte Schreibart der Gruppe ⸻ „schreiben" oder „einmeifseln" zu sein[1]). Ein von PIERRET[2]) angeführter Papyrus enthält den Titel: ⸻, den ich nicht verstehe als „der, welcher die Grenzen der Tempel feststellt", sondern „der, welcher auf die Mauern die zu ihrer Verzierung dienenden Inschriften einschreibt oder einmeifselt". Dieser Titel kommt ziemlich auf dasselbe heraus wie der sich fortwährend wiederholende ⸻, welcher seinem Vater eignete. Die gleiche Bedeutung dieser beiden Bezeichnungen ergiebt sich aus dem Umstande, dafs sie durchweg nicht zusammen vorkommen: *Nebseni* führt bald die eine und bald die andere.

---

[1]) BRUGSCH, Wörterbuch p. 1266.
[2]) Vocabulaire p. 518.

Nicht beliebige Inschriften hatte *Nebsem* auf die Tempelmauern einzumeifseln, sondern in Sonderheit die auf Ptah bezüglichen. Er war [hieroglyphs] „Zeichner der Wohnung des Ptah in den Tempeln von Ober- und Unter-Ägypten". Es gab damals ohne Zweifel zahlreiche Beispiele des noch in Abydos ersichtlichen Verhältnisses: Tempel, welche in ihrer Umfassungsmauer Sanctuarien verschiedener Gottheiten einschlossen; und überall, wo Sanctuarien des *Ptah* bestanden, hatte *Nebseni* seine Kunst auszuüben. Es war keineswegs nur eine handwerksmäfsige Kunst; sie setzte bei dem sie Übenden die Kenntnifs wenigstens eines Theiles der heiligen Literatur und die Einweihung in die Mysterien voraus. Daher finden sich mitunter diese Titel: [hieroglyphs] „der Zeichner des *Ptah*, der in die Mysterien der Tempel eindringt," oder auch wohl [hieroglyphs], „der in die Mysterien des Goldhauses eindringt". Bekanntlich bildete „das Goldhaus" einen Theil des Tempels des memphitischen *Ptah*, vielleicht die Werkstätte der Einmeifseler. Diese beiden Titel bedeuten also: eingeweiht in die geheime Wissenschaft des *Ptah*.¹)

Ein anderer häufig vorkommender Titel ist [hieroglyphs] „das Kind des verborgenen Ortes". Dieser lediglich conventionale Name mufs bezeichnen, entweder dafs der ihn Führende eine bestimmte Stufe der Initiation erreicht hatte oder dafs er zu einem Schatze oder zu einer Niederlage von Werthsachen, welche man an dem verborgenen Orte verwahrte, Zutritt hatte.

Die Länge der Titel und Bezeichnungen hängt oftmals von dem Raume ab, den der Schreiber zu seiner Verfügung hatte; auch verfehlt derselbe nicht, wenn der Platz reichlich ist (was seltener zutrifft), etwas

---

¹) Es findet sich in dem Papyrus ein Beispiel des Titels [hieroglyphs] „der Zeichner des *Ḥa-χeb*". Offenbar wird durch *Ḥa-χeb* eine memphitische Localität ähnlich wie das [hieroglyphs] und keineswegs das Serapeum des saïtischen Nomos bezeichnet.

Lobendes für den Verstorbenen hinzuzufügen. So heifst es einmal nach den Worten 〈hiero〉, auf welche wir unten zurückkommen werden: 〈hiero〉 „dafs er folgt seinem Gotte, dem grofsen Ptah *Anchef-res*". Sonst findet sich eine ganze Aufzählung seiner Eigenschaften: es heifst, er sei 〈hiero〉 „im Besitz der Wahrheit, frei von Widerspruch,[1] .... freundlich gegen alle".

Wir kennen auch seine Familie theilweise: zuerst seine Frau, welche dreimal hinter ihm dargestellt ist und 〈hiero〉 *Senseneb* genannt wird. Sie wird immer als „Schwester" bezeichnet, 〈hiero〉 „seine Schwester die Frau"; da aber dieselbe Vignette auch den Sohn mit der Bezeichnung 〈hiero〉 „ihr Sohn" zeigt, so erhellt, dafs Senseneb nicht blos die Schwester Nebsenis ist. Sie war jedesfalls seine Frau. Man darf das Wort 〈hiero〉 nicht für genau unserm Worte Schwester entsprechend halten, möglicherweise umfafste es noch entferntere Verwandtschaftsgrade. Möglich auch, dafs man nach der alten Überlieferung der Endogamie oder Heirat im Schoofse der Familie der Gattin den Namen Schwester bewahrt oder vielmehr gegeben hat. Die Titel der ptolemäischen Königinnen machen mir die letztere Annahme wahrscheinlicher.[2]

Von der Nachkommenschaft Nebsenis kennen wir zwei Söhne, 〈hiero〉 *Chemmes* und 〈hiero〉 *Ptahmes*, deren Namen von den beiden Hauptgottheiten von Memphis abgeleitet sind, da Chem in der 〈hiero〉 genannten Örtlichkeit dieser Stadt ein Sanctuarium hatte.[3] Aufserdem wird eine Tochter 〈hiero〉 „die Memphitin" genannt, die vor ihrem Vater gestorben zu sein scheint.

Der Vater Nebsenis hiefs 〈hiero〉 *Tonna*, auch 〈hiero〉 geschrieben, er war 〈hiero〉 „Zeichner des Königs"; Nebseni hatte also

---

[1] 〈hiero〉 eig. was benimmt, d. h. was entgegengesetzt ist (der Wahrheit), was ihr widerspricht oder entgegen ist.

[2] LETRONNE, Inscriptions grecques I, p. 2ff. 10.

[3] BRUGSCH, Dictionnaire géographique, p. 724.

seine Kunst von seinem Vater geerbt. Von Tenna heifst es einmal, dafs er [hieroglyphs] „Besitzer eines Grabes nach dem Willen (des Königs)" war; wahrscheinlich war er auf königliche Kosten bestattet zur Belohnung seiner langen und trefflichen Dienste. Die Mutter Nebsenis hiefs [hieroglyphs] *Mut-resta* und führt keinen besonderen Titel.

In der Epoche, in welcher der Papyrus geschrieben worden ist, wurde der Verstorbene nur selten als „Osiris" bezeichnet. Indessen finden sich einige Beispiele in demselben, K. 20, 2. 134, 9. 92, 1. Meist wird er mit seinem Titel ohne diese Bezeichnung genannt und einige Male findet sich vor seinem Namen das Adjectiv [hieroglyphs] Kap. 50, 1.

Auf den Namen folgt beständig [hieroglyphs] oder [hieroglyphs], manchmal beides zusammen, je nach dem Raume, den der Schreiber auszufüllen hatte. Auf diese Weise konnte er den Namen nach Belieben verlängern oder verkürzen; so haben wir [hieroglyphs]. Sein Vater dagegen ist immer [hieroglyphs] und seine Mutter [hieroglyphs], sein Sohn Chemmes [hieroglyphs] und seine Tochter wieder [hieroglyphs], während sein zweiter Sohn diesen Zusatz nicht hat. Seine Frau ist einmal [hieroglyphs]: sonst hat sie keinerlei Bezeichnung.

Der Papyrus 9900 oder Burton ist auf Anordnung der Trustees des Britischen Museums und unter der Leitung des Dr. Birch photographiert worden, als die gegenwärtige Ausgabe unternommen wurde. Vorher waren Bruchstücke veröffentlicht worden von Birch[1]), nach Dévérias Copieen von Pierret[2]) und von mir selbst[3]). Neuerdings ist eine vollständige Übersetzung des Textes von Massy erschienen[4]).

Dieser Papyrus ist sicherlich einer der correctesten, die wir be-

---

[1]) Zeitschrift 1868 p. 52.
[2]) Pierret, Etudes égyptologiques, p. 84 u. 89.
[3]) Zeitschrift 1873 p. 25, 1875 p. 85.
[4]) Le papyrus de Nebseni. Gand 1885.

sitzen, und da er zugleich einer der vollständigsten ist, so galt er von vorn herein als ein höchst wichtiges Mittel zur Wiederherstellung des Todtenbuches der thebaischen Epoche, auch konnte er durchweg benutzt werden, mit Ausnahme des Kapitels 180, welches in verkehrter Richtung copiert worden ist.

Ich habe schon sonst[1]) mehrere graphische Eigenthümlichkeiten hervorgehoben, welche dieser Papyrus mit andern derselben Zeit gemeinsam hat.

1. Das Determinativ ⍓ steht nicht nur nach den Eigennamen der Götter, sondern auch nach den auf die Gottheit bezüglichen Adjectiven und im allgemeinen nach allen heiligen Gegenständen.

2. Das Zeichen der Negation ⎯⎯ kommt nicht vor, es wird durch das einfache ⁓⁓⁓ ersetzt für ⎯⎯ wird ⁓⁓⁓ und für 🜨 wird ⌇⌇ geschrieben.

3. Das Determinativ des bewaffneten Armes ⍾⎯ kommt gleichfalls nicht vor und wird bald durch ⍾⎯ und bald durch ⍾⎯ vertreten.

Ich lasse nun die Übersicht der in dem Papyrus enthaltenen Kapitel folgen, in der Reihenfolge, in welcher sie der Text selbst bietet[2]).

Anbetung des Osiris 1V., 83V., 84V., 85V., 77V., 86V., 81V., 72V., 99V., 62V., 105V. über 83 bis 105. 144 und 146 vereinigt, 30BV., 26V., 22V., 23V., 46, 100, 56 über 30B bis 56, 148V., 134V., 92V., 89V., 137BV., 119, 114V., 112V., 113V., 108V., 109V., 47, 103V., 76, 48. 104V., 96 und 97V., 173. 100, 155V., 156V., 160V., 6V., 87V., 56, 88V., 5, 50, 96 und 97V., 117 und 118V., 17, 81—94. 20, 13, 17, 100—106. 44, 50, 38A, 153AV., 17 kleine V., 18, 71V., 106, 110 Einl., Elys. Gef., 177, 178, 106, 180, 100, 151a bis V., 166, 151a ter V., 180, 167V., 65, 133V., 64, 106, 137A, 64, 41, 179, 136AV., 136BV., 149V., 150V., 125, Einl. V., Confession V. und Schlufsrede V. Opfer des Sohnes vor seinen Eltern 172.

———

[1]) Zeitschrift 1873 p. 26.
[2]) In diesem Kapitelverzeichnifs und in allen folgenden habe ich immer die Reihenfolge der betreffenden Urkunde beibehalten. Ein V. hinter der Zahl bedeutet, dafs zu dem Text eine Vignette gehört.

Diese Liste zeigt uns, dafs sich einige Kapitel oder Theile von solchen in dem Texte zu wiederholten Malen befinden; von 17 werden zwei Fragmente wiederholt, 50 kommt zweimal vor, 56 zweimal, 64 gleichfalls zweimal, doch sind die beiden Versionen von sehr ungleicher Länge; 100 dreimal, 106 dreimal (einmal mit einem Zusatze), endlich 180 zweimal. Die beiden Versionen dieses letzten Kapitels sind gleichfalls von sehr ungleicher Länge, doch haben sie das gemeinsam, dafs sie beide gleich fehlerhaft und für die Textkritik nicht zu verwerthen sind.

Es ist zu bemerken, dafs die Vignetten in dem zweiten Theile des Papyrus viel weniger zahlreich sind als in dem ersten. Die längsten Kapitel sind damit nicht versehen, so Kapitel 17, welches als einzige Vignette einen sitzenden Anubis hat. Es scheint, dafs der Schreiber nur die ganz unerläfslichen aufgenommen hat, wie die zu Kapitel 149, da sich selbst die Psychostasie nicht findet.

Der Papyrus schliefst mit Kapitel 172, welches vielleicht memphitischen Ursprungs ist und sich aufserdem nirgends gefunden hat.

Ab.

Britisches Museum No. 9913. Dieser Papyrus trägt No. 118 der Collection Salt und ist nach dem gedruckten Cataloge derselben von thebaischer Herkunft. Unter Glas und Rahmen hängt er jetzt an der Wand der Museumstreppe. Besonders zu Anfang und am Ende ist er sehr verstümmelt. Das Gewebe des Papyrus ist von schöner Beschaffenheit. Die Schrift ist im Stile der XVIII. Dynastie, aber viel kleiner als gewöhnlich in den Papyren dieser Epoche. Das Studium der Varianten hat denn auch genöthigt ihn zu den ältesten Texten zu rechnen, die wir besitzen. Der Name des Verstorbenen kommt darin nicht vor, ein Beweis, dafs der Text im voraus geschrieben war. Nach dem Titel des Kap. 124, mit dem der Papyrus beginnt, scheint es, dafs wir den Anfang des Ganzen haben. [hieroglyphs] wahrscheinlich [hieroglyphs].

Als graphische Eigenthümlichkeiten sind zu bemerken, daſs der bewaffnete Arm [hieroglyph] und die Negation [hieroglyph] sich finden. Man trifft häufig das Zeichen [hieroglyph] = [hieroglyph], welches gewöhnlich mit [hieroglyph] gleichbedeutend ist, aber auch als Femininum gebraucht wird, z. B. als Masculinum: [hieroglyphs] 85, 3; [hieroglyphs] 99, 2; als Femininum: [hieroglyphs] 86, 7; [hieroglyphs] 136A, 4; [hieroglyphs] 149, 2.

Dieser Papyrus enthält die folgenden Kapitel, zum Theil jedoch nur in kleinen Bruchstücken, mit meist zerstörten Vignetten. 124V., 148, 83, 84, 85, 82, 77, 86, 98, 99V., 102, 7, 136A, 136BV., 149V., 150, 125 Einleit., 126V., 125 Confession, Schluſsrede, Nachschrift, 100V., 156, 144V., 146V., darunter 141—3.

1c. Bologna, Museum des Archiginnasio. Soviel ich ohne beide Texte vor Augen zu haben beurtheilen kann, glaube ich Fragmente dieses Papyrus in Bologna im Museum des Archiginnasio gefunden zu haben. Dieselbe kleine, lesbare Schrift mit sehr feinen Vignetten, dasselbe Zeichen [hieroglyph] für die Silbe [hieroglyph]. Diese Fragmente sind unter einem Glase vereinigt und ohne Rücksicht auf den Text aufs Geradewohl aufgeklebt. Aus diesem fast unentwirrbaren Durcheinander habe ich Fetzen der Kapitel 80, 132, 63, 64, 67, 179 gewinnen können. Meine Notizen ergeben, daſs sich auch einige Überreste der Kapitel 2, 87, 109, 108, 155 finden. Im Gegensatz jedoch zu dem Londoner Papyrus ist der Name des Verstorbenen nicht immer unausgefüllt geblieben. Man findet in dem leeren Platze manchmal die Gruppe [hieroglyphs] oder [hieroglyphs] in grober, nachlässiger Schrift und mit viel hellerer Tinte geschrieben. Das würde nun freilich nicht beweisen, daſs wir es mit einem von dem Londoner verschiedenen Papyrus zu thun haben. Nicht selten findet man Texte, deren leere Stellen auf eine sehr unvollkommene Weise ausgefüllt worden sind, so daſs man dem Namen des Verstorbenen wie zufällig nur ein oder zweimal begegnet. Es wäre sehr wünschenswerth, daſs die Fragmente in Bologna denen im Britischen Museum an die Seite gelegt werden könnten.

Ac.

Britisches Museum No. 9905. Wieder ein namenloser Papyrus. Er ist von guter Schrift und mit farbigen Vignetten verziert, in 12 Fragmente getheilt, unter Glas. Der Text ist zu Anfang verstümmelt, aber wahrscheinlich enthielt er keine Kapitel vor 71, nach dem Reste des Titels [hieroglyphs] zu urtheilen, der das Ende eines allgemeinen Titels bildet.

Obwohl der Name des Verstorbenen nicht genannt ist, so wird er doch hier und dort durch Attribute ersetzt, Angaben nicht von Titeln oder Würden, sondern von moralischen Eigenschaften. Dergleichen merkwürdige Bezeichnungen finden sich in Kap. 83 [hieroglyphs] [1]) wörtlich „der Besitzer guter Worte vor den Menschen", in Kap. 85 [hieroglyphs] „der sehr sanfte" oder „der sehr angenehme", in Kap. 125 Einleit. [hieroglyphs] wörtlich „der welcher die Gerechtigkeit erlangt von seinen beiden Gerechtigkeiten" — eine Anspielung auf die beiden Göttinnen Ma, die des Orients und die des Occidents, die in dem Bilde der Confession dargestellt werden; in Kap. 125 Schlufsrede: [hieroglyphs] „der wahren Herzens und ohne Arg ist". Zweimal findet sich diese unbestimmte Angabe [hieroglyphs] „Gesagt von jemand in dem Cherneter". Das Zeichen [hieroglyph] findet sich, doch wird es gewöhnlich durch [hieroglyph] oder [hieroglyph] ersetzt. Die Negation wird durch das Zeichen [hieroglyph] gegeben, das manchmal selbst für [hieroglyph] eintritt. Die Form [hieroglyph] für [hieroglyph] kommt Kapitel 149, 17 vor, ebenso [hieroglyph] 149, 30, wo das zweite [hieroglyph], wenn es nicht fehlerhaft ist, als Determinativ angesehen werden mufs.

Ac enthält die folgenden Kapitel: 71, 106 V., 83, 84 V., 85 V., 82 V.,

---

[1]) Wenn der Ägypter ausdrücken will, dafs jemand eine moralische Eigenschaft in einem hohen Grade besitzt, so bedient er sich des Wortes [hieroglyph] mit dem nachfolgenden Hauptworte, welches diese Eigenschaft bezeichnet (vergl. NAVILLE, Litanie du soleil, p. 15).

30 B V., 77 V., 86 V., 99 V., 102 V., 38 A V., 125 Einleitung, Confession V., Schlufsrede, Nachschrift V., 149 V., 150.

In den Vignetten zu Kap. 149 ist die Farbe jeder Wohnung angegeben. Zehn davon sind grün [hieroglyphs] *a b d e f g h l m u*, und vier hellgelb [hieroglyphs] *c i k o*.

Ad.

Britisches Museum No. 10009. Salt 828. Der Verkaufscatalog giebt an, dafs die Urkunde in Theben aufgefunden ist. Es ist ein schöner Papyrus, zu Anfang zerbrochen, gut geschrieben und mit farbigen Vignetten versehen. Er ist eingerahmt und an der Treppe im Britischen Museum ausgehängt. Der Text war im voraus geschrieben, denn der Name des Verstorbenen genügte nicht, um die leer gelassenen Stellen ganz auszufüllen. Der Verstorbene hat keinen andern Titel als [hieroglyph], sein Name ist [hieroglyphs] oder [hieroglyphs] ohne Angabe der Eltern.

Der Papyrus enthält die folgenden Kapitel: 141—3; ein inediertes Kapitel, welches theilweise den Titel zu 15B III enthält; 125 Confession V., Einleitung, Schlufsrede, Nachschrift V., 100 V., 110 Einleitung, Elys. Gef., 95 V., 136 A und B zusammen V., 149 a—k mit der Angabe der Farben; 150. die aufgehende Sonne.

Die Zeichen [hieroglyph] und [hieroglyph] finden sich und werden beide angewandt wie gewöhnlich. Gleichwohl unterliegt es keinem Zweifel, dafs dieser Papyrus der XVIII. Dynastie angehört. Der Verstorbene wird niemals Osiris genannt.

Ae.

Britisches Museum No. 9964. Dieser Text würde uns für die Wiederherstellung des Buches von gröfstem Nutzen gewesen sein, wenn er sich nicht in so schlechter Erhaltung befände. Er besteht aus einer grofsen Zahl von Fragmenten, deren Reihenfolge sich nicht mehr feststellen läfst. Die Vignetten sind ziemlich roh, die Fleischtheile grell roth gemalt. Der Verstorbene hat eine Haartracht, welche nicht bis auf die Schultern herabfällt, und den künstlichen Bart. Die Schrift ist sehr dick.

Der Verstorbene war ein hochgestellter Mann und hatte die folgenden Titel: [hieroglyphs] etc. [hieroglyphs]

Amenneb war also ein „Schatzmeister des Königs", der zu gleicher Zeit bei dem Tempel des „Ammon der Stadt des Südens" angestellt war.

Sein Vater war [hieroglyphs] „der Richter, Schreiber und Haushofmeister *Antef*". Seine Mutter hiefs [hieroglyphs] „die Frau *Teta*" und war selbst eine Tochter der Frau [hieroglyphs] oder [hieroglyphs] *Antef* oder *Antef tahemt*. Das geht aus mehreren Stellen hervor, aber seltsamerweise scheint der Schreiber einmal die Mutter auszulassen und sogleich zur Grofsmutter überzugehen. Es heifst von Amenneb, er sei [hieroglyphs] „Sohn des Aufsehers Antef und der Frau Antef der Tochter der Frau *Taonaki*". Da wir nun eben gesehen haben, dafs seine Mutter Teta hiefs, so hat der Schreiber deren Namen augenscheinlich ausgelassen. Es ist also ein Stammbaum mütterlicherseits, der bis zur Urahne des Verstorbenen aufsteigt.

Die Frau Amennebs scheint [hieroglyphs] *Sitkamesu* „die Tochter des Kames" zu heifsen. Dieser Name erinnert an einen der Könige der XVII. Dynastie; und es ist möglich, dafs diese Frau eine Königstochter gewesen ist, was die hohen Würden, zu denen ihr Gemahl gelangte, erklären würde. Jedesfalls führt uns dieser nicht häufige Name Kamesu an den Anfang der XVIII. Dynastie.

Der Papyrus, welcher wahrscheinlich thebaischen Ursprungs ist, bietet eine der Eigenthümlichkeiten von *Aa*: er wendet das Zeichen der

Negation nicht an. Im Verlaufe des Textes müssen mehrere Kapitel wiederholt gewesen sein; ich habe die folgenden wiedergefunden, ganz oder theilweise, die meisten aber in Fragmenten. Anbetung des Osiris, 1, 2, 3, 6 V., 8, 23, 27, 28, 30 B V., 42, 44, 50 V., 57 V., 62, 63 V., 64, 71, 72, 76, 80 V., 81, 82 V., 83, 84, 85, 86, 87, 88, 93, 94 V., 99, 100, 102, 104 V., 105, 108 (zweimal), 109 (zweimal), 112, 113, 114, 119 V., 124 V., 125 Einleitung V., Confession, Schlufsrede, Nachschrift, 132 V., 136 A u. B zusammen, 153 V.

Af.

Britisches Museum No. 10010, Murray 1861, unter Glas, an der Treppenwand aufgehängt. Ein Papyrus einzig in seiner Art, von sehr sorgfältigem Stile mit farbigen Vignetten. Obwohl nur von geringer Länge, so enthält er doch mehrere Kapitel, die sich im Turiner Todtenbuche nicht finden, darunter eines, welches er allein hat.

Der Papyrus ist für eine Frau [hieroglyphs] die Frau, die Sängerin des Ammon *Muthotept-* geschrieben. Der nur einmal vorkommende Titel scheint für den thebaischen Ursprung zu sprechen. Niemals findet sich vor dem Eigennamen der Verstorbenen die Bezeichnung Osiris.

Der Papyrus enthält die folgenden Kapitel: 151 V., 182 mit einer funerären Darstellung, 174 V., 168 A V., 15 B III V., 16 B untergehende Sonne.

Ag.

Britisches Museum No. 9901, Clot-Bey. Ein Papyrus aus späterer Zeit als die vorhergehenden; denn er ist aus dem Ende der Regierung *Seti I.* oder aus dem Anfange der *Ramses' II.* Es ist ein datierter Text. Dieser Papyrus ist besonders durch die Feinheit der Vignetten und durch die Sorgfalt, mit der dieselben ausgemalt sind, bemerkenswerth. In dieser Beziehung ist er ein Kunstwerk; dagegen läfst der Text in mehreren Theilen viel zu wünschen übrig.

Er ist geschrieben für [hieroglyphs] „den Haushofmeister des Königs *Seti I.*, den Aufseher des Viehs des Königs, den königlichen Beamten Hunefer (bestattet) im Westen von Theben". Also ist die Herkunft des Papyrus sowohl als seine Zeit genau bestimmt. In der That würden viele Umstände auch ohne das Datum uns bewegen diese Urkunde für später zu halten als die vorhergenannten; die viel dünnern Schriftzeichen nähern sich weniger dem Hieratischen und sind der reinen Hieroglyphe ähnlicher, besonders zu Anfang des Papyrus. Hunefer wird immer „Osiris" genannt. Er trägt langes Haupthaar, welches bis zur Schulterhöhe nicht geschnitten ist, dessen vordere Partie aber noch tiefer als bis zu den Schlüsselbeinen herabfällt. Die Kleider sind weiter als die Nebsenis. Ebenso bei seiner Frau [hieroglyphs] „die Frau Sängerin des Ammon *Nascha*". Auch sie trägt längeres Haar als die Frauen der XVIII. Dynastie; es fällt noch tiefer als bis auf die Ellenbogen herab. Auf dem Kopfe trägt sie einen Kegel und eine Lotusblume. Diese Zierrathe finden sich an der Mumie wieder, die weiß und mit rothen Streifen kreuzweis bemalt ist.

Augenscheinlich hat der Schreiber diesen Papyrus besonders in den Vignetten sorgfältig behandelt; auch der Text ist nicht schlecht bis gegen das Ende: da hat der Copist, der sich vielleicht wenig überwacht fühlte und die Beendung beschleunigen wollte, seine Columnen nur mit Bruchstücken von Sätzen ausgefüllt, ohne sich um den Sinn zu kümmern. So habe ich darauf verzichten müssen, mich des Kap. 17 von Zeile 48 an zu bedienen, obwohl der Text fast bis zum Ende noch 34 Columnen fortgeht. Die Kapitel, welche dieser Papyrus darbietet, sind: 15 A III *V*. 16 A, 183, 125 Psychostasie, 1 *V*. und 22 auch noch unter den Vignetten zu 1, an welche sich die Ceremonie des *Apro* anschließt [hieroglyphs] „die Öffnung des Mundes der Mumie"; dann 17 *V*. Weiter reicht der Papyrus nicht.

Ah.

Britisches Museum No. 9968, ein sehr gutes Fragment ohne Vignette, welches Kap. 17. Z. 38—69 umfasst. Es ist geschrieben für [hieroglyphs] „den Vorsteher der königlichen Frauen *Aahmes*". Die hier genannten Frauen [hieroglyphs] sind ohne Zweifel die sonst mit dem Namen [hieroglyphs] bezeichneten, die Frauen des Harems.

Papyrus der XVIII. Dynastie.

Ai.

Unter diesem Buchstaben werden zwei Stücke zusammengefaſst, die zu derselben Urkunde gehören, von denen das eine der Papyrus Mayer C D E F G K in Liverpool ist[1]), das andere aber im Britischen Museum befindliche als Papyrus Libri No. 9933 bezeichnet wird. Die beiden Hälften ergänzen sich vollkommen: ich werde daher nur wie von einer Urkunde reden. Es scheint zunächst, als sei dies ein namenloser Papyrus. Als ich aber den Text sehr genau betrachtete, bemerkte ich, daſs der Name allerdings geschrieben war, aber absichtlich im ganzen Umfange des Papyrus ausgemerzt worden ist, so daſs alle jetzt vorhandenen leeren Stellen von dieser leicht erkennbaren Zerstörung herrühren. Indessen habe ich den Namen des Verstorbenen noch wieder auffinden können: er war [hieroglyphs] oder [hieroglyphs] *Aahmes*, *Aahmesa*; der Name seiner Mutter ist unleserlich.

Der Papyrus ist sehr gut geschrieben und ganz im Character der XVIII. Dynastie. Die Vignetten sind farbig, die Fleischtheile dunkelroth, das Haar sehr kurz. Der in Liverpool befindliche Theil des Papyrus besteht aus mehreren Fragmenten und ist weniger gut erhalten als der in London. Das Zeichen [hieroglyph] kommt nicht vor, ebensowenig [hieroglyph], welches sowohl als Silbenzeichen wie als Determinativ durch [hieroglyph] ersetzt

---

[1]) Goodwin, Zeitschrift 1873 p. 12; Gatty, catalogue of the Mayer collection p. 38.

wird; aber [hieroglyphs] wird [hieroglyphs] geschrieben und [hieroglyphs] entweder [hieroglyphs] oder [hieroglyphs].

Eine andere graphische Eigenthümlichkeit dieses Papyrus ist der viel häufigere Gebrauch des [hieroglyph]. Man findet es in sehr vielen Fällen statt ○; so findet man die Pronomina [hieroglyph] für [hieroglyph], [hieroglyph] für [hieroglyph] und [hieroglyph] für [hieroglyph] geschrieben. Aber das Zeichen wird so allgemein angewandt, dafs man ihm auch sonst, selbst als weiblicher Endung, fortwährend begegnet, z. B. in [hieroglyphs], [hieroglyphs], [hieroglyphs], [hieroglyphs], [hieroglyphs], oder [hieroglyphs] in den Participien, [hieroglyphs], [hieroglyphs] u. s. w.

Die Kapitel, von denen dieser Papyrus Bruchstücke enthält, sind die folgenden: in Liverpool 86 V., 88 V., 56 V., 5, 96 und 97, 117 und 118 V., 17, 82—94, 18, 1—18, 119, 102, 7, 136 A., 136 B V., 124, 149 a b — in London 149 b Ende, c d e f g h i k l m n.

Aj.

Britisches Museum No. 9914, Young. Sehr unvollständige Fragmente eines Papyrus der XVIII. Dynastie, deren Vignetten zerstört sind. Er war geschrieben für den [hieroglyphs] „den Amchent Amenemha". Es sind noch vorhanden Kap. 136 B, 149, 1—8, 99, 28—35 und 136 A.

Ak.

Britisches Museum No. 9918, Salt 341. Ein kleiner Papyrus aus späterer Zeit, vielleicht der XX. Dynastie, geschrieben für [hieroglyphs] [hieroglyphs] „den Osiris, den Aufseher der Maurer des Ammontempels Amenmes". Die thebaische Herkunft ist aufser Zweifel. Dieser Papyrus ist von rechts nach links geschrieben. Er enthält: Kap. 125 Einleitung, dann eine Anbetung Ra's, die einige Ähnlichkeit mit Kap. 15 hat. Dieser Papyrus ist wenig brauchbar.

Al.

Britisches Museum No. 9926. Fünf sehr kleine Fragmente, die zu drei verschiedenen Papyren gehören. Zwei darunter, in der dicken Schrift der XVIII. Dynastie, gehören zu einem und demselben, und enthalten Bruchstücke des 17. und 110. Kapitels; der Name hat sich nicht gefunden. Diese beiden Fragmente sind die einzigen, welche benutzt worden sind.

Am.

Britisches Museum No. 9929, 9934 und 9935. Fragmente Libri, welche meist zu einem Papyrus aus dem Anfange der XIX. Dynastie gehören. Derselbe wurde geschrieben für [hieroglyphs] oder [hieroglyphs] „den Obersten der Arbeiter Ja oder Naa". In No. 9929 finden sich Bruchstücke von Kap. 84 und 110, in 9934 von Kap. 1 und 17 bis Z. 51. Auf demselben Carton ist ein Bruchstück des Kap. 17 von Z. 81 an hinzugefügt; er ist jedoch in kleinerer Schrift und gehört zu einem andern Texte mit verschiedenen Namen. No. 9935 enthält wiederum Fragmente vom Papyrus des Naa, nämlich 77, 134, 84, 83, 99, 42. In der Benennung der Glieder, welche in dem letztgenannten Kapitel vorkommt, wird der Verstorbene statt mit seinem Namen durch den Ausdruck [hieroglyphs] „ein Beamter XX." bezeichnet.

An.

Britisches Museum No. 9940. Sehr schöner Papyrus, der erste aus einer characteristischen Gruppe, zu der Br. Mus. 9940 u. 9955 und Leyden II (La) gehören. An unterscheidet sich von den andern beiden nur dadurch, dafs er von links nach rechts geschrieben ist, während diese die umgekehrte Richtung befolgen. Ich habe keine schönere Hieroglyphen gefunden. Sie sind mit der gröfsten Sorgfalt gemalt, besonders in der Anbetung des Osiris, mit der der Papyrus beginnt. Die gelbe Farbe wird durch Vergoldung ersetzt. Ohne Zweifel sollte dadurch in Erinnerung gebracht werden, daſs der Verstorbene ein feineres Handwerk ausgeübt hatte, was aus seinen Namen und Bezeichnungen hervorgeht. 〈hieroglyphs〉 oder 〈hieroglyphs〉. „Der Meister Goldschmied *Kartana* oder *Neferremp*." Ich habe den Titel durch „Meister Goldschmied" übersetzt, obschon über die Bedeutung des Ausdrucks 〈hieroglyphs〉 *nub-pek* ein Zweifel bestehen kann. 〈hieroglyphs〉 *pek*, phonetisch 〈hieroglyphs〉 geschrieben, bezeichnet eigentlich „ein Theilchen" oder „ein Stückchen Gold". Eine äthiopische Stele giebt das 〈hieroglyphs〉 als einen Theil des 〈hieroglyphs〉 an (LEPSIUS, Metalle p. 41). 〈hieroglyphs〉 würde demnach den bezeichnen, der das Gold in kleine Theile zerlegt, eine Art Münzarbeiter. Geben wir andererseits dem Worte 〈hieroglyphs〉 das Determinativ 〈hieroglyphs〉, so würde der Titel einen Fabrikanten von Goldgeweben bezeichnen. Das Wort „Goldschmied" ist daher hier in einem sehr allgemeinen Sinne zu verstehen.

Der Verstorbene hatte zwei Namen, von denen der erste ein durchaus semitisches Aussehen hat: man kann ihn einerseits mit dem Worte 〈hebrew〉 „Stadt" und andererseits mit der Wurzel 〈hebrew〉 „kleinschneiden" oder mit 〈hebrew〉 zusammenstellen. Möglicherweise war er ein Phönicier oder ein Syrer, der sich in Ägypten niedergelassen und den Namen *Neferremp* angenommen hatte. Er wird mit seiner Frau oder Schwester dargestellt, die eine Sängerin des Ammon war. 〈hieroglyphs〉 *Henur*. Vor dem Namen des Verstorbenen findet sich die Bezeichnung „Osiris".

Der Papyrus enthält die Anbetung des Osiris, Kap. 1 mit Nachschrift und Kap. 17, 1—9. Der Rest der Urkunde ist zerstört.

Ao.

Britisches Museum No. 9943, Salt 127. Dicke Schrift der XVIII. Dynastie, gemalte Vignetten; der Papyrus ist zu Anfang und Ende zerrissen. Der Catalog SALT's bemerkt, daſs er in Theben gefunden worden ist. Die Hieroglyphen sind sorgfältig. Das Zeichen 〈hieroglyph〉 findet sich nur ein einziges Mal und wird sonst überall durch 〈hieroglyphs〉 ersetzt;

auch ▱ kommt nicht vor. Ein Name wird nicht genannt; nur einmal gegen Ende, am Anfang der Darstellung der Psychostasie, die fast gänzlich zerstört ist, findet sich diese Bezeichnung 𓊩 𓂀 𓀭 „der Osiris NN". Der Papyrus enthält: eine zerstörte Vignette, Kap. 7. 136 A, 136 B, 149 a—k, 150, 125 Einleit., 136 B, 16—20. Psychostasie.

Ap.

Britisches Museum No. 9949. Farbige Vignetten. Wieder ein Papyrus, der für einen Verstorbenen vermuthlich fremden Ursprungs geschrieben war. Der Name desselben lautet 𓈖𓄿𓇋𓏤𓀭 *Char* oder 𓈖𓄿𓇋 𓏭𓏭𓀭 *Chari* „der Syrer"; es geht ihm eine Bezeichnung vorher, deren Sinn dunkel ist. Er wird genannt 𓂀𓈖𓂝𓏭𓏭𓊪𓏏𓀭 oder öfter 𓂀𓈖𓂝𓏭𓏭𓊪𓏏. In den zu den Vignetten von Kapitel 17 gehörigen Vignetten heifst er einmal einfach 𓄟𓂝𓏭𓏭𓀭. Vielleicht muss man das 𓂀 hinter 𓂀 als „Sohn von" auffassen. Dann würde er ein Sohn *Usai's* sein und selbst *Usai* heifsen, während man ihn in Ägypten nach seiner Herkunft „den Syrer" genannt hätte.

Seine Frau, welche in dem Texte oftmals da erscheint, wo man ihren Gatten erwarten sollte, trug gleichfalls einen semitischen Namen: sie hiefs 𓂀𓇳𓏤𓀁𓏭𓏭𓀀 „die Frau *Puaa*".

Ich halte diese Urkunde für keine sehr alte. Allerhöchstens kann sie bis in die Mitte der XIX. Dynastie zurückgehen. Die Haartracht und die Kleidung des Verstorbenen erinnern sehr an die Vignetten Hunefers (*Ag*). Das Haar fällt vorn bis auf die Schlüsselbeine, während es hinten nur bis auf die Schulter reicht. Der Text ist wenig correct und man erkennt, dafs der Künstler seine Aufmerksamkeit besonders auf die Vignetten gerichtet hatte. Er gehört offenbar zu jenen Papyren, deren Vignetten in voraus gemacht worden sind. Es läfst sich nicht leugnen, dafs dieser Papyrus in enger Beziehung mit dem in Dublin steht (über welchen weiter unten) und mit No. IV. in Leyden, der sich gleichfalls durch seine Vignetten auszeichnet, aber gleichwohl einer spätern Zeit anzugehören scheint. Diese Ähnlichkeit hat ihren Grund vielleicht in einer localen Überlieferung. No. IV in Leyden kommt aus Memphis; über die Herkunft des Papyrus *Ap* haben wir leider gar keine Nachrichten, da er von einem Antiquar gekauft worden ist.

Die in *Ap* enthaltenen Kapitel sind die folgenden: Anbetung des Osiris V., 1V., 17V., 57V., 92V., 38 B V., 148V., kleine Fragmente von 18, 125 Einleitung. Confession, 110 Elys. Gefilde, 186. Der Papyrus ist unvollständig und hat mehrere Lücken; Kap. 1 sollte zweimal darin vorgekommen sein, wenn man nach den am Ende hinzugefügten Fragmenten urtheilen darf.

Aq.

Britisches Museum No. 9950 ohne Namen. Vier Fragmente aus sehr guter Zeit: das Gesicht des Verstorbenen ist roth gemalt, die Haare reichen bis auf die Schultern; die Mumie war schwarz mit gelben Querstreifen. Diese Bruchstücke sind in vollständiger Unordnung. Ich habe nur Theile des 17. und 42. Kapitels benutzen können; es finden sich deren ausserdem von Kap. 133, 18, 142, 151 und 119.

Ar.

Britisches Museum No. 9953. XX. Dynastie, kleinere Schrift, die sich der der XXVI. Dynastie nähert. Die Vignetten sind roh; die Haartracht ist lang und fällt bis auf die Schlüsselbeine herab. Der Text ist geschrieben für [hieroglyphs] den Osiris, den Oberbibliothecar des Königs *Chai*ᵅ. Dieser Papyrus beginnt mit einer Anrufung verschiedener Gottheiten und fährt mit Kap. 86, 87 und 88 fort.

As.

Britisches Museum No. 9954. Ein Papyrus aus der Zeit der XVIII. Dynastie, geschrieben für [hieroglyphs] den königlichen Schreiber *Hututu*ᵅ. Er besteht nur aus zwei Fragmenten, welche Kapitel 79, 81 und 87 enthalten.

At.

Britisches Museum No. 9955, aus der Auction Hay herrührend. Unzusammenhängende Fragmente eines sehr schönen Papyrus mit besonders sorgfältigen Vignetten, der zu derselben Familie gehört wie *An* und *La* und gleich dem letztern von rechts nach links geschrieben ist. Der Verstorbene, welcher nicht immer ein Osiris genannt wird, namentlich nicht wenn seine Titel aufgezählt werden, war [hieroglyphs] „der Chef der Arbeiter in der Necropole von Theben *Paschetu*". In dem nur in Bruchstücken erhaltenen Texte findet sich: die Anbetung des Osiris, Kap. 1V., 15A, 16B, 18, 136, 134, 181V. Dieser Papyrus gehört vermuthlich an das Ende der XVIII. Dynastie.

Au.

Britisches Museum No. 9956. Dieser Papyrus mit einer farbigen Vignette enthält nur den abgekürzten Text von Kap. 78. Er ist geschrieben für den verstorbenen [hieroglyphs] *Horsiesis*, der weder Titel noch Würde hat.

Av.

Britisches Museum No. 10021, Salt 1251. Dieser Text auf Leder ist mit vieler Sorgfalt geschrieben, aber sehr verstümmelt. Das einzige Kapitel, welches ich benutzt habe, ist 79; aber die Urkunde enthält noch Sätze aus andern Kapiteln, wie 6, 26, 44, 68 u. a. Der Verstorbene führte verschiedene Titel [hieroglyphs] „der Oberste der Priester des Thrones *Penro*, der Sohn der Frau *Antai*". Ein anderer Titel ist [hieroglyphs] „der Oberst der fremden Söldner".

Aw.

Britisches Museum No. 9903. Dieser Papyrus ist aus späterer Zeit als die übrigen, welche zu dieser Ausgabe benutzt worden sind.

Er rührt aus der XXI. Dynastie her und gehört zu der Gruppe der in Dêr-el-bahri gefundenen; vielleicht kommt er aus einem Verstecke derselben Art, das wenigstens vor funfzig Jahren entdeckt sein mufs. Der Titel und der Name der Verstorbenen lassen über das Alter des Papyrus keinen Zweifel. Sie hiefs [hieroglyphs] „die Osirianerin, die Frau und Sängerin des Ammon, die grofse Pallas ..... *Isis-em-cheb*". Diese Urkunde ist von rechts nach links geschrieben und zeigt den Übergang der Hieroglyphe ins Hieratische sehr anschaulich; denn im Britischen Museum befindet sich ein zweiter Papyrus mit dem gleichen Namen, der ohne Zweifel einen Theil desselben Textes bildet, und dieser ist hieratisch geschrieben. Obwohl dieser Papyrus nicht in die Categorie der von mir benutzten Handschriften gehört, so habe ich doch in einigen seltenen Fällen davon Gebrauch gemacht (siehe Vign. 123). Der hieroglyphische Theil, von dem ich eine Durchzeichnung habe, enthält die Anbetung des Osiris, Kap. 1, 8 V., 44, 71 V., 60 V., 33, 35 V., 123 V., 26 V., 27.

A x.

Papyrus Brocklehurst II[1]). Diese schöne Urkunde ist im Winter 1883 in Ägypten gekauft worden. Sie ist jetzt das Eigenthum der Mrs. DENT auf Sudeley Castle, welche die Güte gehabt hat mir die Erlaubnifs zur Photographierung des Textes zu ertheilen. Dieser Papyrus ist ein schönes Beispiel der hieroglyphischen Texte der XVIII. Dynastie und zeichnet sich durch Correctheit und sorgfältige Vignetten aus. Man erkennt, dafs er von einem Schreiber copiert worden ist, der seine Arbeit wieder durchgelesen hat, denn hier und dort sind vergessene Wörter nachträglich hinzugefügt worden.

---

[1]) Der Papyrus Brocklehurst I. ist ein hieratischer Text, den die Araber dem Schachte in Dêr-el-bahri entnommen haben, ehe derselbe Herrn MASPERO bekannt war. Er lautet auf den Namen des Prinzen [hieroglyphs] S. LEFÉBURE, Le puits de Deir el Bahari, p. 9.

Beim ersten Anblick scheint es, als sei der Name ausgelassen; in einigen wenigen Stellen jedoch finden wir in etwas verschiedener Schrift eine Angabe über den Verstorbenen. So ist in Kap. 133 die Lücke für den Namen durch die Worte [hieroglyphs] der Osiris, der Priester des Amenophis- ausgefüllt. An einer andern Stelle, Kap. 148, finden wir denselben Titel wieder, mit einem Namen, den ich auf dem photographischen Abzuge nicht mit Sicherheit entziffern kann, der mir jedoch [hieroglyphs] *Beksu* zu sein scheint. Augenscheinlich war dies ein in voraus geschriebener Papyrus, in welchen den Namen einzusetzen man nicht mehr die Zeit hatte, so dafs man sich begnügte die Lücken zwei oder dreimal auszufüllen. Diese seltenen Angaben zeigen indessen hinreichend, dafs er für einen Priester geschrieben war, der beim Culte eines der Amenophis angestellt war. Die ganze Schrift und der Stil der Vignetten weisen gleichfalls auf die beste Zeit der XVIII. Dynastie hin. Der Papyrus mufs ursprünglich umfangreicher gewesen sein, als er heute ist; zu Anfang und Ende fehlt ein Theil.

Die Kapitel, welche er enthält, sind die folgenden: 86, 171, 133 V., 81 V., 105 V., 72 V., 123 V., 25 V., 26 V., 28 V., 30 A V., 35 V., 124 V., 82 V., 63 B V., 62 V., 56 V., 132 V., 102 V., 5, 42, 99 V., 144 V., 148 V. Nachschrift, 125 Psychostasie und Einleitung.

Die Zeichen [hieroglyph] und [hieroglyph] finden sich beide in dem Texte. Da dieser Papyrus erst kürzlich entdeckt und von mir erst benutzt worden ist, als ich bereits fast am Ende meiner Arbeit angelangt war, so sind die Varianten, welche er gewährt, in der Regel als die letzten aufgeführt.

Ay.

Auf Carton aufgeklebte Fragmente im Besitze des Mr. SYER CUMING, der sie mir gütigst mitgetheilt hat. Sie rühren von zwei verschiedenen Papyren her, von denen der eine älter ist als der andere. Der erstere ist für einen Verstorbenen namens [hieroglyphs] *Amenemḥeb* geschrieben und ich habe darin Fragmente der Kap. 84 und 85 gefunden. Dieser Text ist aus der guten Zeit der XVIII. Dynastie; das Zeichen ⌐ hat er nicht.

Der andere Papyrus ist jünger; es sind einige Zeilen der Confession davon übrig; er ist geschrieben für [hieroglyphs] „den Osiris Amenmes".

B. Berliner Papyri.

Ba.

Berliner Museum, Pap. 2[1]). Papyrus der XIX. Dynastie in grofsen, sehr saubern Hieroglyphen, die vollendeter sind als die der XVIII. Dynastie. Die Vignetten sind gemalt, der Verstorbene ist vollständig bekleidet, sein Haar reicht bis auf die Schlüsselbeine.

Dieser Text ist geschrieben für [hieroglyphs] „den Osiris, den königlichen Beamten *Nechtuamon*". Seine Frau oder Schwester hiefs [hieroglyphs] „die Frau *Paiua*". Abweichend von LEPSIUS glaube ich nicht, dafs dieser Papyrus besonders für diesen Verstorbenen geschrieben sei, wenigstens nicht in seinem ganzen Umfange. Augenscheinlich sind die Vignetten in voraus gemacht. Am Ende des Papyrus hatte man einige zu solchen Kapiteln vorbereitet, welche nicht copiert worden sind. Dagegen ist der Text wohl für den Todten geschrieben worden, denn der Name desselben ist nicht nachträglich hinzugefügt worden. Der Name des Verstorbenen scheint zu ergeben, dafs diese Urkunde thebaischen Ursprungs ist.

Sie enthält die folgenden Kapitel: 1V., 1BV., 15A IV V., 16B, 15B V., 17 V., 83 V., 84 V., 77 V., 78 V., 81 V., 86 V., 87 V., Fragm. 147 und 146 V., 125 Einleit. V., Confession, Schlufsrede, Psychostasie, 15B III, 9, 148 V., 72 V., 89 V., 40, 32. 100 V., 99 V., 110 Einleit., — Lücke, — 93 Ende

---

[1]) LEPSIUS, Älteste Texte p. 12.

36 V., 95 V., 92 V., 103 V., 68, 117, 141—3 V., 119 V., 117 V., 59 V., 137A V., 137B V., 63 V., 149a—k V., 130 V., 30B V., 26 V., 27 V., 29B V., 108 V. Von hier ab wird der Papyrus sehr schlecht und nimmt einen Theil der Einleitung zu 125 wieder auf. Darnach ist der Text verkehrt geschrieben nach einem Originale, dessen Columnen man am falschen Ende vorgenommen hat. So finden sich einige Zeilen von 147, dann die Kapitel 87, 86, 78, 77, 84 und einige Zeilen des 17. Kapitels. Indem ich die Columnen an ihre richtige Stelle setzte, habe ich mehrere Kapitel wiederherstellen können, deren Text in der normalen Redaction sehr verderbt ist. Daſs der Papyrus nicht so enden sollte, das ergiebt sich aus den letzten Vignetten, die mit dem, was darunter steht, nichts zu thun haben, namentlich aus denen zu Kap. 153. Weiter findet sich ein Hymnus an *Ra* und einige Überbleibsel des Bildes zu 186.

Dieser Papyrus bildet ein Seitenstück zu *Ag*, er liefert einen zu Anfang sehr sorgfältigen und correcten Text, der aber gegen Ende so nachlässig wird, daſs man ihn unmöglich gebrauchen kann. Er hat die bemerkenswerthe orthographische Eigenthümlichkeit, daſs der Titel „ein anderes Kapitel" geschrieben wird, und ebenso in Kap. 17.

Bb.

Berliner Museum No. 1471, Papyrus aus dem Ende der XIX. Dynastie, ohne Zweifel von thebaischer Herkunft. Er ist für eine Frau geschrieben „die Osirianerin die Frau Sängerin des Ammon *Mutemua*". Dieser Name ist häufig unter der XVIII. Dynastie; indessen bestimmen mich die Kleidung der Verstorbenen, ihre Haartracht und der Umstand, daſs sie immer genannt wird, diesen Text der XIX. Dynastie zu überweisen, und zwar einer noch spätern Zeit als *Da*.

Dieser Papyrus hat eine merkwürdige Eigenthümlichkeit. Die Vignetten, welche in voraus gemacht sind, zeigen, daſs der Papyrus von rechts nach links und nicht von links nach rechts geschrieben werden sollte. Wirklich finden wir die Anbetung des Osiris am Ende, wo der Gott zur Linken des Bildes steht. Unmittelbar hinter Osiris beginnen die Vignetten zu Kap. 17, nach links gewandt; unter der letzten, der der Katze, welche die Schlange tödtet, beginnt die Copie des Textes, welcher in der den Vignetten entgegengesetzten Richtung läuft und abbricht, wo der Schreiber bei dem Osiris der Anbetungsscene angelangt ist. Es scheint, dafs man nach Beendigung der Vignetten den Papyrus von der andern Seite in Angriff genommen hat, als habe er überhaupt von links nach rechts geschrieben werden sollen. Er beginnt mit der Darstellung der Elysischen Gefilde; dann kommen die 4 ersten Wohnungen des Kap. 149 mit den Vignetten. Man hat den Text der letzten Zeile zusammenrücken müssen, um ihn ganz schreiben zu können. So ist man unter der Schlange des 17. Kapitels angelangt und hat den Text dieses Kapitels begonnen, der mit Z. 28 abbricht; darauf folgt die Anbetung des Osiris.

Man wird in den Varianten eine aufserordentliche Ähnlichkeit dieses Papyrus mit *Da* bemerken, nämlich im 17. Kapitel, dem einzigen, welches sie gemeinsam haben. Zwischen beiden Texten besteht eine eben solche Ähnlichkeit wie zwischen gewissen Texten der saïtischen Epoche, welche, wenn nicht von derselben Hand geschrieben, doch nach demselben Original copiert sind. Die Beziehungen sind besonders auffallend, wo es sich um gemeinsame Fehler handelt. So lesen Z. 10 beide 𓃀𓏤𓂝𓅮 ¹) statt 𓃀𓏤; Z. 11 sind die Worte nach 𓍢𓏥𓃕 fast gleichlautend und beide unterdrücken das Verb 𓂧𓅓𓂻; Z. 13 lassen beide hinter 𓊵 das Nämliche aus. Die 14. Zeile ist viel ausführlicher als in den andern Urkunden. Die merkwürdigste Ähnlichkeit ist aber die in Z. 15. An der Stelle über die beiden Federn des 𓋙 lassen beide Texte die darauf bezüglichen Worte aus und nehmen die 17. Zeile voraus, die sie fast wörtlich wiederholen.

Indefs bestehen zwischen diesen beiden Papyren daneben ziemlich

¹) Siehe die Berichtigungen.

erhebliche Verschiedenheiten, so dafs man nicht annehmen darf, der eine sei vom andern abgeschrieben: aber das Original kann sehr wohl das gleiche gewesen sein.

Bc.

Berliner Museum. Pap. 11. Fragmente eines Papyrus im guten Stile des Ausgangs der XVIII. Dynastie, für einen Beamten namens [hieroglyphs] *Thothnefer* geschrieben. Diese Fragmente umfassen Theile des 18. und 19. Kapitels.

Der Verstorbene, welcher einmal als [hieroglyphs] und ein anderes Mal als [hieroglyphs] bezeichnet wird, könnte wohl dieselbe Persönlichkeit sein, wie die auf einer Stele in Turin No. 68[1]) vorkommende, welche [hieroglyphs] genannt wird.

Bd.

Berliner Museum. Pap. 6. Papyrus der XX. Dynastie in grofsen Hieroglyphen und mit sehr sorgfältigen Vignetten. Der Text läuft von rechts nach links, die Hieroglyphen sind ausführlicher gezeichnet als in den alten Papyren: es sind die wirklichen Hieroglyphen und nicht die zwischen ihnen und dem Hieratischen in der Mitte stehenden.

Der Verstorbene war [hieroglyphs] „der Osiris, der Priester und Schreiber bei den heiligen Ländereien[2]) des Ammonstempels *Nespaheran*".

Dieser Papyrus besteht aus zwei Theilen, aus einer Anbetung des Osiris, neben dem sich Isis und Nephthys befinden, und aus dem Kapitel 168 B, welches in meiner Edition ganz wiedergegeben worden ist.

---

[1]) LIEBLEIN, Dictionnaire. No. 715.
[2]) REVILLOUT, Revue Egypt., III. année p. 105.

Be.

Berliner Museum, Pap. 2. Auf den ersten Tafeln des Papyrus des Nechtuamen sind irrthümlicherweise Fragmente eines andern Textes aufgezogen. Es sind kleine Stücke eines Papyrus derselben Epoche wie *Bd*, auch genau desselben Stiles, nur dafs der Text von links nach rechts läuft. Er enthält gleichfalls Kap. 168 B, von dem jedoch nur die untere Abtheilung und einige Fetzen der Vignetten übrig geblieben sind. In der Besprechung der Kapitel habe ich die darin befindlichen Varianten angegeben.

Es finden sich drei Namen von Verstorbenen, von denen zwei männliche vielleicht dieselbe Person bezeichnen: [hieroglyphs] „der Osiris der Schreiber bei .... *Apiai*" und [hieroglyphs] „der Osiris der Schreiber bei .... *Paiasi*"; endlich ein Frauenname [hieroglyphs] „der Osiris die Frau *Anemsche*".

C. Papyri des Museums in Bulaq.

Ca.

Dieser Papyrus ist mir neben dem Londoner *Aa* und dem Pariser *Pb* bei der Herstellung dieser Ausgabe vom gröfsten Nutzen gewesen. An Länge und Correctheit kann er sich mit jenen beiden messen, denn Vignetten sind fast keine. In diesem so umfangreichen Texte kommen nämlich nur eine kleine Vignette zu Kap. 64, die zu 136 B und die zu 149 vor. Sonst geht der Text überall ununterbrochen und gedrängt fort; das ist zugleich ein Zeichen seiner Vortrefflichkeit. Denn oftmals, wie schon erwähnt, ist gerade da der Text nachlässig, wo die Vignetten besonders sorgfältig sind, und die Käufer haben sich oft durch den

Augenschein täuschen lassen und sich nicht genügend über die Qualität ihrer Erwerbung vergewissert. Anders ist es in diesem Falle: der Papyrus ist ohne Zweifel von jemand erworben, der den Inhalt lesen und seinen Werth beurtheilen konnte.

Diese wichtige Urkunde gehört dem Museum in Bulaq; aber sie ist von Mariette in den Louvre gebracht und wird in demselben seit vielen Jahren verwahrt. Dort habe ich ihn benutzt. Der Papyrus ist opisthographisch und vollständig: nur am Anfange mögen einige Zeilen fehlen.

Ohne Zweifel kommt er aus Theben. Er ist geschrieben für [hieroglyphs] „den ersten Hülfspriester"[1]) des Ammon, den Beamten *Mesemneter*, den Sohn des Richters *Aahmes*, das Kind der königlichen Favoritin *Messchert*". Der Name der letztern wird manchmal [hieroglyphs] oder [hieroglyphs] geschrieben. Das Amt des Verstorbenen musste ein ziemlich hohes sein; er verdankte es vermuthlich dem Umstande, dass seine Mutter zu dem Harem des Königs gehört hatte.

Der Text ist einer der correctesten, die mir vorgekommen sind; die Schrift zeigt einen schönen Stil und ist sehr sorgfältig; hier und dort beweisen einige Änderungen, dass die Copie wieder durchgelesen ist. Der Name wird ohne weitere Zusätze eingeführt, nicht einmal mit dem Adjective [hieroglyphs], welches wir einige Male in *Aa* angetroffen haben. Noch weniger wird der Verstorbene irgend wo Osiris genannt.

Die Zeichen [hieroglyph] und [hieroglyph] sind beide in häufigem Gebrauch; sogar findet sich das negative [hieroglyph] oftmals fehlerhaft statt [hieroglyph] angewandt: so Kapitel 30 A, 5 [hieroglyphs]: Kapitel 70, 1 [hieroglyphs]; Kap. 91, 3 hat eine Version [hieroglyphs], während die andere [hieroglyphs] bietet. Ich könnte die Zahl solcher Belege vermehren; weitere Beispiele dieses Irrthumes wird man sowohl in dem Grundtexte als in den Varianten finden.

---

[1]) Brugsch, Dictionnaire. Suppl. p. 987.

Der Papyrus enthält die folgenden Kapitel: (Recto) 106 zu Anfang unvollständig, 22, 23, 24, 25, 26, 28, 27, 43, 30 A, 31, 33, 34, 35, 74, 45, 93, 91, 41, 42, 14, 68, 69, 70, 92, 63, 105, 95, 72, 176, 125 Einleitung, Confession, Schlufsrede, Nachschrift, 124, 83, 84, 85, 64 F., 91. (Verso) 82, 77, 86, 99, 119, 94, 7, 102, 38 A, 27, 14, 39, 65, 95, 104, 114, 91, 136 A, 136 B, 149 F., 150, 103, 117.

Der Papyrus schliefst mit einem hieratischen Texte, der gröfstentheils erloschen ist. Wie man sieht, sind die Kapitel 14, 27, 91, 95 jedes zweimal geschrieben.

Cb.

Leinewand Thothmes' III. Eins jener Leichentücher, welche die in Dêr-el-bahri gefundene Mumie des Königs bedeckten. Ich führe dazu an, was MASPERO in seinem Berichte über den Fund (p. 13) sagt:

„Die Mumie war schon von den Arabern durchsucht. Sie trug am Körper befestigt zwei kleine Ruder und einen Schilfstraufs. Sie befand sich in so üblem Zustande, dafs man sie öffnen mufste: man fand darin eine in drei Stücke zerbrochene Mumie, welche 1,60ᵐ in der Länge mafs. Die Leinewandbinden, welche sie umhüllten, trugen lange hieroglyphische Texte in Tinte, das 17. Kapitel des Todtenbuchs und Fragmente der Litaneien an die Sonne, auf den Namen des Königs *Thuthmos III.* des Sohnes der Königin *Isi*, deren Name hier zum ersten Male erscheint".

Diese werthvolle Urkunde besteht aus verschiedenen Abtheilungen, welche durch horizontale Striche getrennt sind. Leider fehlt der untere Theil. Der Text beginnt mit diesen Worten: „Der gute Gott, der Herr der Welt, der fromme Fürst *Aa-cheperu-ra*, der Sohn des Sonnengottes aus seinem Leibe, von ihm geliebt, *Amenophis* hat dieses Monument gemacht seinem Vater, dem guten Gotte, dem Herrn der Welt, dem frommen Fürsten, dem Könige von Ober- und Unterägypten *Men-cheper-ra*, dem Sohne des *Ra-Ammon* aus seinem Leibe, von ihm geliebt, *Thothmesnefer-cheperu*. Er hat ihm auch gewährt die Bücher über die Vervollkommenung des Verstorbenen, damit er in die Barke des *Ra* einsteige, damit ihm sein Gehen und Kommen erleichtert (eig. erweitert) werde, damit er einherschreite beim Ausgang aus dem Tage . . . . .".

Also hat der Sohn *Thothmes*', Amenophis II., dafür gesorgt, dafs sein Vater ein Monument bekäme, sowie dafs seine Mumie die zu seinem Glücke in der andern Welt unentbehrlichen funerären Texte trüge. Es ist bemerkenswerth, dafs diese Sammlung [hieroglyphs] "die Bücher der Vervollkommenung des Verstorbenen" genannt wird.

Dieser Text ist mit grofser Correctheit geschrieben, er bietet wichtige Varianten dar und bildet für die Paläographie und Orthographie der XVIII. Dynastie einen Vergleichungstypus von unbestreitbarem Werth. Man wird im Verlaufe des Textes bemerken, dafs die Zahl der Determinative in demselben weniger beträchtlich ist als gewöhnlich, und aufserdem sind die gebrauchten die einfachsten und am wenigsten characteristischen.

Das Zeichen [hieroglyph] kommt nicht vor, auch nicht die Negation [hieroglyph], welche auf folgende Weise ersetzt wird: die Negationen [hieroglyph] und [hieroglyph] werden durch [hieroglyph] und [hieroglyph] ausgedrückt; statt der Pronomina [hieroglyph] [hieroglyph] [hieroglyph] finden wir im Singular [hieroglyph] ohne Determinativ (Kap. 17, 59, 60 u. s. w.) und im Plural [hieroglyph] (Kap. 18, 23) und [hieroglyph] (Kapitel 17, 91). In keiner der von mir gesammelten Varianten habe ich das Determinativ [hieroglyph] gefunden. Sogar bei dem Adjectiv [hieroglyph] "schlecht" findet es sich nirgends.

Die Kapitel, welche ich von den Inschriften dieser Leinewand gesammelt habe, sind die folgenden. In der horizontalen Linie über der obern Abtheilung Kap. 154; darunter 17, 18, Litanei der Sonne, 1, ein unedirtes Kapitel, welches eine Anbetung des Osiris enthält und aus dem

Ritual zu sein scheint, von dem aber zu wenig übrig geblieben ist als dafs es sich lohnte es wiederzugeben; dann ein Fragment von 68. Wie man sieht, findet sich in dieser Urkunde ein Text, der nicht eigentlich zum Todtenbuche gehört, jener, der sich am Eingange der Königsgräber befindet und den ich 1875 unter dem Namen „Litanie du soleil" veröffentlicht habe. Die Leinewand des Thothmes enthält die 75 Ausrufungen oder *hikennu* und ein grofses Stück des langen Schlufstextes, von dem sich ein Theil in den Papyren wiederfindet und Kap. 180 bildet.

Cc.

Bulaq No. 21 ist von MARIETTE in Theben angekauft und in dem III. Bande der Papyrus de Boulaq, pl. 1—11, veröffentlicht worden. Dieser Papyrus ist aus der XVIII. Dynastie. Abgesehen von den übrigen Eigenthümlichkeiten dieser Epoche ergiebt sich das Zeitalter aus der Darstellung des Sarcophags, des ⌣⚲, welcher schwarz und mit gelben Streifen und Zeichnungen versehen ist.

Der Papyrus ist geschrieben für 〈〉 „den Rechnungsbeamten bei dem Vieh des Ammon *Amenophis*". Seine Frau hiefs 〈〉 und wird Tafel 8 bezeichnet als 〈〉 „seine liebe Frau, die vielgeliebte (wörtlich: der Sitz seines Herzens), die Frau *Urt*", während sie Tafel 10 〈〉 „seine Schwester die Frau" genannt wird. Dies Beispiel scheint mir die unter *Aa* ausgesprochene Meinung zu unterstützen, dafs man das Wort „Schwester" nicht als Bezeichnung einer wirklichen Verwandtschaft auffassen darf. Wir kennen auch drei Kinder des Amenophis, zwei Söhne 〈〉 *Neb-uau* und 〈〉 *Raiu*, und eine Tochter 〈〉 *Tachat*.

Offenbar hat man sich bei der Zusammensetzung des Papyrus nach seiner Aufwickelung versehen. Die Reihenfolge der Tafeln ist sicher fehlerhaft, denn Tafel 9 mufs unmittelbar auf Tafel 3 folgen. So wie der Papyrus vorliegt, enthält er die folgenden Kapitel: Fragment von 150, 17, 18, 92 *V.*, 89 *V.*, 37 *V.*, 42 *V.*, Fragment von 146, —

Lücke — 100 V., 144 V., 171, 141, 151, 63, Anbetung des Osiris und funeräre Ceremonien.

Cc hat neben Ax allein das Kap. 171, welches neueren thebaischen Ursprungs sein muſs, denn unter den Göttern, an welche es sich wendet, findet sich der Name [hieroglyphs].

Die Varianten und Kapiteltexte sind nach MARIETTE's Ausgabe copiert worden.

Cd.

Dieser von MARIETTE wiederum in Theben erworbene Papyrus ist nicht numeriert. Er ist gleichfalls für einen Amenophis geschrieben, der jedoch nicht denselben Titel trägt, wie der vorhergehende. Dieser heiſst: [hieroglyphs] „der Vorsteher der Seen oder Teiche des Königs Amenophis". Es handelt sich wahrscheinlich um die Seen oder Sümpfe, die dem Könige zur Jagd und zum Fischfang vorbehalten blieben. Zu gleicher Zeit hatte Amenophis ein priesterliches Amt inne. Es heiſst zu Anfang des 1. Kapitels in einer Zeile, deren unterer Theil zerstört ist, daſs er [hieroglyphs] „Träger der Opfer des Ammon Ra und der Mut" war. Seine Schwester oder Frau hieſs [hieroglyphs] Atefesres.

Dieser ebenfalls der XVIII. Dynastie angehörige Papyrus ist in schlechtem Zustande gekauft worden. Fast die ganze Mitte ist verloren gegangen und scheint verbrannt zu sein. Nur die beiden Enden sind noch übrig, und die noch lesbaren Kapitel sind die folgenden: Anbetung des Osiris, 1 V., 68 V., 22, 23, 26 V. (zerstört). — Lücke — 125 Einl., Confession, Schluſsrede, Nachschrift. 136 B, 149 V. mit der Angabe der Farben. Die letzte „Wohnung" ist fast erloschen.

Das Zeichen [hieroglyph] findet sich in dem Texte nicht, da es durch [hieroglyph] ersetzt wird, wohl aber die Negation [hieroglyph].

D. Papyrus in Dublin.

Da.

Papyrus der Sammlung des Trinity College, der im Cataloge von Hincks No. 4 trägt. Derselbe giebt die Länge des Papyrus auf 201 englische Zoll an, sagt aber nichts über seine Herkunft. Ich habe diesen Papyrus in Dublin selbst studiert und aufserdem noch besonders nach einer sehr guten Photographie, welche die Direction des College auf die Bitte des Herrn Prof. Mahaffy mir gütigst gewährte.

Dieser Papyrus enthält trotz seiner Länge nicht viel Text. Er zeichnet sich weniger durch die Correctheit des letztern als durch die Schönheit seiner Vignetten aus, die mit der gröfsten Sorgfalt gezeichnet und gemalt sind. Die Reinheit der Linien in den Profilen ist wirklich bewunderungswürdig. Der vor dem Grabmonumente dargestellte Sarcophag ist weifs gemalt und mit rothen Längs- und Querstreifen verziert, er sieht daher dem von *Ag* ähnlich. Wenn wir andere Characteristica betrachten, die Kleidung der Personen, die Haartracht des Verstorbenen, die Schrift, welche länger, weniger dick und besonders mehr hieroglyphisch als in den Texten der XVIII. Dynastie ist, und endlich den Umstand, dafs der Verstorbene überall Osiris genannt wird, so müssen wir diese Urkunde in die XIX. Dynastie verlegen. Es ist eine schöne Probe von den Texten dieser Epoche.

Dieser Papyrus ist im voraus angefertigt worden, die für den Namen gelassenen Lücken sind nirgends ausgefüllt. Er ist zu Anfang unvollständig: er begann mit einer Anbetung des Osiris, von der nur noch die Gestalten der Isis und der Nephthys erhalten sind. Darauf folgt Kap. 1 in dem gewöhnlichen Umfange der alten Texte, das heifst, in der 16. Zeile des Turiner Exemplars mit einem Zusatze abbrechend. Das Ende der Vignetten fällt mit dem des Textes zusammen. Es folgen die Vignetten des 17. Kapitels, aber seltsamerweise hat der Schreiber, sei es aus Zerstreuung, sei es aus einem andern, schwer fafsbaren Grunde, die

Copie von Kap. 1 unter den Vignetten zu Kap. 17 von neuem angefangen, sodafs wir auf diese Weise zwei Texte des 1. Kapitels in unmittelbarer Folge und mit unbedeutenden Abweichungen von einander haben, wie man aus der Vergleichung der Varianten des 1. Kapitels unter *Da* und *Da bis* ersehen kann. Da der Text des 17. Kapitels nur erst ziemlich spät, unter dem Adoranten hinter den beiden [glyph], anfängt, so konnte nur ein geringer Theil desselben copiert werden; er bricht plötzlich mitten in einem Worte der 32. Zeile ab und dazu sind die letzten Zeilen noch sehr nachlässig und incorrect geschrieben. Das beweist deutlich, dafs die Vignetten eher als der Text hergestellt worden sind. Ohne Zweifel hat die Schönheit der Illustrationen über die Unvollkommenheiten des Buches, für welches jene im voraus bestimmt waren, hinwegsehen lassen. Nach Kap. 17 kommen 15 B II und 16 B. Hier verrathen die Hieroglyphen eine andere Hand; sie sind vollendeter als in der Currentschrift. Die Orthographie von Worten wie [glyphs] ist nicht die der XVIII. Dynastie. Der Papyrus endet mit Kap. 186.

Merkwürdigerweise lehnen sich der Text des 1. Kapitels und der des 17. Kapitels an verschiedene Gruppen. Im 1. Kapitel steht *Da* dem Londoner Papyrus *Ap* näher, der, wie wir gesehen haben, nicht älter als die XIX. Dynastie und vielleicht memphitischen Ursprungs ist. Gleich diesem Texte enthält *Da* auch das nicht sehr häufige Kap. 186. Im 17. Kapitel hat *Da* keine Ähnlichkeit mehr mit *Ap*, sondern vielmehr mit *Bb*, wie wir oben bemerkt haben.

F. Papyri in Frankreich aufser Paris.

Fa.

Musée Borély in Marseille. Auf Tafeln geklebte und unter Glas eingerahmte Papyrusfragmente. Die grofse und dünne Schrift, die Kleidung des Verstorbenen, sein langes, auf die Brust herabfallendes Haupthaar, alles läfst darauf schliefsen, dafs dieser Papyrus der XIX. Dynastie angehört. Der Verstorbene heifst [hieroglyphs] „der Osiris der königliche Schreiber *Praemheb*".

Der Papyrus beginnt mit einer Darstellung des Verstorbenen und seiner Frau in anbetender Stellung; dann folgen Kap. 90 V., 155 V., 156 V., 112, von welchem letztern nur der Titel übrig geblieben ist. Nur hier habe ich Kap. 90 gefunden.

Fb.

Museum in Avignon. Leinewandfragmente, die auf zwei Tafeln zusammengestellt und ein wenig in Unordnung sind. Der Stil der Schrift ist der auf der Leinewand Amenemhebs im Louvre (*Pf*): es sind sehr kräftige und sehr schöne Hieroglyphen, offenbar aus der Zeit der XVIII. Dynastie. Das Zeichen der Negation kommt darin nicht vor. Die Vignetten sind mit gröfster Sorgfalt gemacht. Dieser Text ist geschrieben für den [hieroglyphs] „den Stallmeister, den Viehaufseher." Der letztere Titel hat das Determinativ [hieroglyph], als wäre er ein Eigenname. Vielleicht wurde ihm dieser Name gerade wegen seines Amtes beigelegt. Der Name wird immer ohne die Bezeichnung „Osiris" eingeführt. Es ist zu bedauern, dafs von dieser merkwürdigen Urkunde nur einige Bruchstücke erhalten geblieben sind: sie ist eine der schönsten, welche ich gesehen habe.

Die vorhandenen Kapitel sind die folgenden: 77 V., 99 V. zerstört, 83 V. zerstört, 84 V. zerstört, 85. In diesem letzten Kapitel bildet die Vignette ein grofser Vogel mit Menschenkopf; die Gesichtsfarbe ist roth und das Haar sehr kurz.

II. Papyrus in Hannover.

IIa.

Fragment Kestner in Hannover.[1]) Ich kenne dieses Bruchstück nur aus einer Durchzeichnung von LEPSIUS, die mir derselbe gütigst mitgetheilt hat. Es gehörte zu einem Papyrus, der die größte Ähnlichkeit mit Aa hatte. Gerade so wie der Anfang des letzteren ist der Text hier in zwei Abtheilungen zerlegt, von denen die obere Kap. 146 b und c enthält, während sich in der untern Kap. 77 V. und 86 V. befinden. Das Zeichen ⸗ kam aller Wahrscheinlichkeit nach nicht vor, es läfst sich jedoch nicht mit Sicherheit behaupten, da das Fragment keinen negativen Satz enthält. Das ⸗ wird immer durch ⸗ ersetzt. Der memphitische Ursprung des Papyrus ist nicht zweifelhaft; er wurde geschrieben für 𓏞𓏤𓈖𓈖𓈖𓀀𓏤𓈖𓈖𓈖𓀀𓏤 „den Aufseher der Transportschiffe beim Tempel des Ptah *Senemneter*". Wie wir weiter unten sehen werden, ist dieses Fragment von einem Papyrus abgerissen, dessen größter Theil sich in Florenz befindet und dort die No. 26 trägt (Ib); der Name und der Titel des Verstorbenen sind dieselben, ebenso die Höhe beider Documente.

— — —

I. Papyri in Italien.

Ia.

Papyrus im Museum des Vaticans in Rom. Auf meine Bitte hatte der verstorbene Canonicus FABIANI die Güte mir eine Photographie desselben zu verschaffen, nach der ich ihn studiert habe. Er zerfällt in vier auf Leinewand geklebte Theile, von denen uns nur drei interessieren.

[1]) LEPSIUS, Älteste Texte, p. 13.

Der vierte umfafst nur ein Gemisch von kleinen Stücken, die zu vier verschiedenen Papyren gehören und mit Ausnahme eines einzigen alle aus später Zeit sind. Der grofse Papyrus bricht am Ende des dritten Theiles ab. Er enthält einen guten Text der XVIII. Dynastie und ist ohne Zweifel, wenn man nach dem Namen des Verstorbenen urtheilen darf, thebaischen Ursprungs: er ist dadurch bemerkenswerth, dafs er, wenigstens in den erhaltenen Stücken, nicht eine einzige Vignette hat.

Er ist geschrieben für [hieroglyphs] „den Vorsteher der Zeichner *Amenemapt* den Sohn des Vorstehers der Zeichner *Abai*". Wir sehen die Eigenthümlichkeiten der alten Texte der XVIII. Dynastie wiederkehren: die Einführung des Namens ohne weitern Zusatz, das Fehlen von [hieroglyph] und [hieroglyph]. Das letztere Zeichen wird wie auf der Leinewand Thotmes' III ersetzt: [hieroglyph] und [hieroglyph] durch [hieroglyph] und [hieroglyph], während das Pronomen [hieroglyph] im Singular und [hieroglyphs] oder [hieroglyphs] im Plural ist, wobei das zweite [hieroglyph] von dem erstern leicht unterschieden wird [hieroglyph], ohne Zweifel um zu bezeichnen, dafs es nur als Determinativ dasteht.

Der Papyrus ist zu Anfang unvollständig; vom 1. Kapitel sind nur die letzten Zeilen übrig; dann kommen 17, 18, 15 B III, — Lücke — Zeilenfragmente, welche zu einem unbekannten Kapitel gehören; dann 181, welches viel länger ist als der Grundtext und den I. Taf. 206 wiedergegebenen Anhang hat; 79, 1—7, ein Theil des Schlufskapitels der Sonnenlitanei, 182, Sätze aus dem Ende der Litanei, 124, 83, 84. 119, 114, 112, 108. 109, 68. 69. 70, 65, 1 B, 8. Hiermit endete der Papyrus, denn es folgt ein leergelassener Raum.

Wie bemerkt, enthält der vierte Theil ein Gemisch von mehreren Texten aus verschiedenen Zeiten. Ich habe nur einen einzigen davon benutzt; derselbe enthält einige Zeilen von Kap. 114 und 112. Den Namen habe ich nicht gefunden; aber die Urkunde scheint mir in dieselbe Categorie zu gehören wie *Aa* und *Ib*.

1b.

Museum in Florenz No. 26¹). Blaßfarbiger Papyrus, der sowohl im Texte, dessen Varianten übrigens von geringer Wichtigkeit sind, als in den Vignetten und in der Anordnung der Kapitel eine außerordentliche Ähnlichkeit mit 1a hat. Er ist ohne Zweifel memphitischen Ursprungs, denn er ist geschrieben für [hieroglyphs] „den ersten Schiffer bei dem Tempel des Ptah *Senemneter*". Das ist der gewöhnlichere Titel; doch findet sich in der Vignette zu Kap. 134 auch der ähnliche: [hieroglyphs] „der Aufseher der Transportschiffe", sodaß Name und Titel dieses Papyrus durchaus mit denen des Fragmentes KESTNER in Hannover übereinstimmen. Da nun die beiden Papyri außerdem von gleicher Höhe und von gleichem Stile sind, so können wir behaupten, daß es zwei Stücke derselben Urkunde sind.

Dieser Theil enthält Kap. 134 V., 114 V., 112 V., 113 V., 108 V.

Herr Dr. SCHIAPARELLI hat die Güte gehabt mir eine Durchzeichnung dieses Papyrus zu liefern.

1c.

Museum in Florenz²). Papyrus aus guter Zeit, von dem jedoch nur die Kapitel 149 und 150 übrig sind. Da der Anfang von 149 zerstört ist, so habe ich den Namen daraus nicht ersehen können.

1d.

Museum in Florenz No. 27³). Dieser Text muß aus der XX. Dynastie oder aus dem Ende der XIX. sein. Er ist geschrieben für [hieroglyphs] „den Osiris den Prinzen *Ramses Si-Ptah*". Es ist

---

¹) Guida del Museo Archeologico, p. 30.
²) LEPSIUS, Älteste Texte, p. 12.
³) Guida etc., p. 30.

zu bemerken, daſs dieser Name mit dem eines Königs Ramses identisch ist, welchen LEPSIUS als den XI. und DE ROUGÉ als den X. zählt, eines übrigens ganz unbedeutenden Fürsten wie die meisten der letzten Ramessiden.

Der in dicken Hieroglyphen geschriebene Text enthält nur ein Fragment der Einleitung und der Confession aus Kap. 125.

Ie.

Museum in Bologna — siehe die Beschreibung von *Ib*.

If.

Mailand, Bibliothek im Brera. Ungeordnete Fragmente eines Papyrus der XIX. Dynastie, geschrieben für [hieroglyphs] „den Osiris, den Schreiber *Paschetu*". Der Verstorbene wird mit seiner Frau dargestellt, deren Name zerstört ist. Erhalten sind Fragmente der Kapitel 17, 18, 148, 125 Einleitung.

Ig.

Museum in Parma[1]). Dieses Fragment, welches ich der XVIII. Dynastie zutheilen möchte, zeigt gewisse graphische Eigenthümlichkeiten. Das Zeichen der Negation hat eine Form, welche in den Texten dieser Epoche sonst nicht vorkommt (vergl. Kap. 29A, Z. 4); auſserdem geht der Text von rechts nach links. Der Verstorbene wird fast überall [hieroglyphs] oder [hieroglyphs] genannt. Dieses mit hellerer Tinte geschriebene Wort ist später hinzugefügt; es scheint weniger ein Name als eine unbestimmte Bezeichnung in der Bedeutung „irgend einer" zu sein, ähnlich dem in der französischen Unterhaltungssprache gebrauchten *chose*. Indessen folgt auf dieses Wort einmal der Name der Mutter,

---

[1]) LEPSIUS, Älteste Texte, p. 11. ROSELLINI, Breve notizia intorno un frammento di papiro funebre esistente nel ducale Museo di Parma, Parma 1838.

welcher 〈hiero〉 *Abhotep* zu sein scheint. In der Schlufsvignette findet man einen wirklichen Namen mit einem theilweise zerstörten Titel: 〈hiero〉 „(der Oberst) der Soldaten, der Aufseher der Schiffe *Amenophis*".

Obgleich dieses Fragment nur 39 Zeilen umfafst, so enthält es doch zwei im Turiner Todtenbuche nicht vorkommende Kapitel, deren eines unter 29A wiedergegeben ist. Die Reihenfolge der Kapitel ist die folgende: 136A, 136B, 149a b, 29A, 30B, über dem sich die Vignette von der Wägung des Herzens befindet. Auf dies Kapitel folgt die Nachschrift mit dem Namen *Menkaura*; sie ist hinter den Varianten zu Kapitel 30B reproduciert. Es heifst dort, dafs der Text auf einem Scarabäus aus Jaspisstein geschrieben werden soll; nur hat der Schreiber den Scarabäus nicht vollständig gezeichnet, indem er die Füfse hinzuzufügen vergessen hat. Er ist aber gleichwohl deutlich zu erkennen, namentlich am Kopfe; deshalb hat Dr. BIRCH das Zeichen mit Unrecht für einen Cylinder gehalten[1]).

Ih.

Museum in Neapel. Papyrusfragment der XIX. Dynastie. Der Stil der Schrift erinnert an *Ag*. Der Papyrus ist im voraus geschrieben und der Name des Verstorbenen später mit verschiedener Tinte und in nachlässiger Schrift hinzugefügt. Er hiefs 〈hiero〉 „der Osiris der Kaufmann *Chonsu*". Der obere Theil ist da, wo sich Vignetten befanden, bis auf zwei Stellen zerstört. Der correct geschriebene Text enthält die Kapitel 24, 25, 26, 30B, 27, 28, aufserdem den Titel eines Kapitels vom Herzen und ein kleines Stück mit einigen Worten von 17.

Zu diesem Texte hat man zwei Stücke eines andern Papyrus mit älterer Schrift gelegt, die aber nur durch den seltsamen Namen des Verstorbenen merkwürdig sind: 〈hiero〉 „der Osiris *Maaenheku*".

---

[1]) Zeitschrift 1867 p. 54.

Ii.

Turiner Museum. Ein Papyrus, welcher etwa aus der XX. Dynastie ist. Er beginnt mit dem Bilde der Elysischen Gefilde; dann kommen einige Zeilen von Kap. 136B mit der darauf bezüglichen Vignette und 149 a b c d e. Der Papyrus schließt mit der Darstellung des Verstorbenen in Anbetung vor Osiris und Isis. Er hieß [hieroglyphs] [hieroglyphs] Nebhept. Seine Titel werden mitunter so angeführt: [hieroglyphs]. Das [hieroglyphs] war ein Theil des [hieroglyphs], der Necropole von Theben, bei der die [hieroglyphs] Beamte waren. Nach Schiaparelli[1]) war es das Grab des Königs Amenophis I.

Ij.

Turiner Museum. Zwei lange und vorzüglich erhaltene Stücke, welche man beim Abwickeln einer Mumie gefunden hat. Die Schrift ist groß und sehr deutlich. Der Papyrus kann der XIX. Dynastie angehören und ist geschrieben für [hieroglyphs] „den Osiris, den Oberpriester, den Waagenwächter[2]) beim Ammontempel Chonsumes".

Diese beiden von einander unabhängigen Fragmente, die beide ohne Vignetten sind, enthalten, das eine Kap. 78 und das andere die Schlußrede von 125. Über jedem steht ein besonderer Titel in hieratischer Schrift, deren Charactere klein und wohl abgerundet sind. Über Kap. 78 liest man [hieroglyphs] „das große Buch von dem was in der Tuat ist, welches man jedem vollkommenen Seligen giebt, damit die Feinde der Amenthes nichts über ihn vermögen, in Wahrheit". Dabei hat aber Kap. 78 seinen gewöhn-

---

[1]) Il libro dei funerali I, 15f.

[2]) Wächter der Waage waren auch bei dem Todtenculte angestellt. Einer derselben ist im Kap. 22 dargestellt.

lichen Titel 〈hieroglyphs〉. Das Kapitel bricht
in der 30. Zeile ab. Im Texte findet sich die Negation 〈sign〉, aber nicht
das 〈sign〉, welches durch 〈sign〉 ersetzt wird.

Über der Schlufsrede zu Kap. 125 liest man: 〈hieroglyphs〉
〈hieroglyphs〉 „das Buch vom
Ausgange des Tages, welches man dem vollkommenen Verstorbenen giebt
... in Wahrheit, unendlich". Dieses Stück hat keinen Titel, es reicht
nur bis zur 42. Zeile. Seltsamerweise wird die Negation 〈sign〉, welche in
dem andern Fragmente mehrfach vorkommt, in diesem regelmäfsig durch
〈sign〉 ersetzt. Daraus würde folgen, dafs man in der Zeit der XIX. Dynastie (denn älter ist dieser Papyrus sicher nicht) die Negation in funerären Texten noch nicht anzuwenden brauchte. Vielleicht ist das dem
Wunsche das Alte nachzuahmen entsprungen, einer Vorliebe für das
Archaische, die in religiösen Texten begreiflich ist.

Ik.

Papyrus Busca. LEPSIUS[1]) sagt über denselben: „Ich besitze die
Durchzeichnung eines dem MARCHESE BUSCA zugehörigen Papyrus, welcher
von links beginnt". Diese selbe Durchzeichnung habe ich vor Augen gehabt und den Papyrus danach studirt. Leider ist das Original verloren
gegangen und die Nachforschungen, welche ich zu seiner Wiederauffindung angestellt habe, sind fruchtlos geblieben. Im Palazzo Busca Serbelloni in Mailand, wo ich ihn zu entdecken hoffte, war er in dem
Archive, welches mir Herr Archivar SPINELLI gütigst gezeigt hat, nicht
vorhanden. LEPSIUS hat ihn in Rom gesehen und durchgezeichnet. Es
ist möglich, dafs er nach dem Tode des MARCHESE BUSCA, dem er
damals gehörte, verkauft worden ist.

Auf seine Durchzeichnung hat LEPSIUS die folgende Bemerkung
geschrieben: „Die Farbe ist wieder aufgefrischt, daher an manchen

---

[1]) Älteste Texte p. 12.

Stellen unsicher". LEPSIUS hat die Durchzeichnung in Rom noch zu Anfang seiner hieroglyphischen Studien gemacht, und daher gewahrt man leicht, daſs in dieser Arbeit eine grofse Anzahl von Zeichen nicht richtig erkannt worden ist. Aufserdem ist der Papyrus sicherlich nachlässig geschrieben; die Vignetten sind sehr roh, und obgleich der Text aus guter Zeit ist, so ist er doch einer der schlechtesten, die ich benutzt habe. Und nur mit Vorsicht darf man den Papyrus Busca gebrauchen. Eine grofse Zahl von Varianten desselben lassen sich kritisch gar nicht würdigen und ich habe leider darauf verzichten müssen, mehrere Kapitel, die sich nur hier vorfinden, wiederzugeben, da sie entschieden zu incorrect sind.

Der Papyrus war geschrieben für [hieroglyphs] „den Osiris den Oberzeichner *Ptahmes*". Sein Vater scheint [hieroglyphs] *Osirei* geheiſsen zu haben. In der Regel begleitet ihn seine Mutter, „die Sängerin des Ammon" [hieroglyphs] *Taitua*. Meines Erachtens gehört der Papyrus in die XIX. Dynastie.

Die in ihm enthaltenen Kapitel sind die folgenden: 152 *V.*, 138 *V.* mit Zusatz, 18 f u. h mit *V.* der Feldarbeit, 99, 125 Einleitung, Psychostasie, Confession, 42 *V.*, 127 B *V.*, 110 Einleitung, Elysische Gefilde, 144, 146, 149 m u. n, 29 B, 30 B, 155. [hieroglyphs], vgl. 151 e, 156, 160. [hieroglyphs], 157. [hieroglyphs], [hieroglyphs], 158 sehr abweichend. Auf der Rückseite des Papyrus stehen die ersten Zeilen von Kap. 78.

L. Leydener Papyri.

Wir kommen jetzt zu den Papyren in dem Niederländischen Museum der Alterthümer zu Leyden, über welche wir uns kürzer fassen können, da dieselben von Dr. LEEMANS vollständig catalogisiert und beschrieben worden sind.

La.

T. 2. Dieser umfangreiche und schöne Papyrus ist in dem grofsen Werke über das Museum von Dr. LEEMANS in Facsimile publiciert worden. Der gelehrte Herausgeber hat die Güte gehabt mir nach und nach die Aushängebogen desselben mitzutheilen. Nach diesen habe ich die wichtige Urkunde, welche während meines Aufenthalts in Leyden 1875 gerade veröffentlicht wurde, studiert. Die vollständige Beschreibung des Papyrus findet sich in der Einleitung jener schönen Publication, so dafs ich mich auf einige nothwendige Bemerkungen beschränken kann.

Dieser Papyrus, welcher in Theben von Athanasi auf Rechnung SALTS gefunden und in der Auction der Collection Salt von REUVENS für das Leydener Museum erworben wurde, ist geschrieben für den Verstorbenen [hieroglyphs] den Osiris den Kaufmann *Kenna* oder, wie sich oft findet, einfach *Kenna*. Sein Vater war gleichfalls Kaufmann und hiefs [hieroglyphs] *Taii* und seine Mutter [hieroglyphs] *Toiu*.

Dieser Papyrus ist das schönste Beispiel einer scharf gekennzeichneten Gruppe, zu der aufser diesem die Papyri *Au* und *At* in London gehören. Sie sind alle drei mit Aufwand geschrieben, die Vignetten sind grofs und mit lebhaften Farben gemalt. In gewissen Theilen, wie in der Anbetung des Osiris in *Au* und in den Kapiteln 15 in *La* sind die Hieroglyphen nicht nur gezeichnet, sondern auch mit verschiedenen Farben ausgemalt. Zwei von diesen Papyren sind von rechts nach links geschrieben. Die Art der Schrift und die Eigennamen bestimmen mich diese Gruppe ans Ende der XVIII. Dynastie zu setzen. Der Verstorbene trägt noch kurzes Haar; er hat nicht die grofse, weite Kleidung, die man unter der XIX. Dynastie sieht. Der Papyrus ist, wie gesagt, von rechts nach links geschrieben; indessen bilden die beiden Hymnen des 15. Kapitels eine Ausnahme, indem sie von links nach rechts laufen. Weiterhin verändern die Columnen ihre Richtung bis ans Ende; die Schrift selbst war immer nach rechts gewandt.

Wie Dr. LEEMANS bemerkt, hat man, zum Nachtheil der Correctheit, in diesem Papyrus mit den Vignetten begonnen und den Text später hinzugefügt. *La* ist keiner der bessern Texte dieser Epoche, wiewohl manche Irrthümer leicht zu erkennen sind und er viele merkwürdige Varianten enthält, deren Vergleichung wichtig ist. Aufserdem bietet er mehrere im Turiner Todtenbuch nicht vorhandene Kapitel. Auf der Rückseite steht der allgemeinere Titel des Buches [hieroglyphs].

Die Kapitel sind die folgenden: 16 A, 15 A I, 16 B, 15 A II, 1 V., 125 Psychostasie, 17 V., 18 V., 180 V., 181 V., 15 B III V., 151 V., 83 V., 84 V., 85 V., 82 V., 77 V., 86 V., 99 V., 119, 125 Einleitung, Psychostasie, Confession, 88 V., 87 V., 81 V., 102, 136 A V., 136 B, 144 V., 146 V., 32 V., 39 V., 79 V., 63 A V., 110 Elysische Gefilde, 148 V., 185 und 186.

Lb.

T. 5¹). Papyrus, der nach dem Cataloge in Memphis gefunden worden ist; der untere Theil dieser Urkunde ist ziemlich beschädigt; viele Columnen sind nicht in ihrer ganzen Länge erhalten geblieben; auch ist er zu Anfang unvollständig. Die Vignetten sind wie in *La* mit Strichen gezeichnet. Der Stil und die Tracht des Verstorbenen scheinen den Anfang der XIX. Dynastie anzudeuten. Dieser Papyrus ist geschrieben für [hieroglyphs] den Osiris, den Beamten, den Schenk des Königs von Ober- und Unterägypten *Ra*⁻. Ein einziges Mal finden wir ihn in Gesellschaft seiner Frau, die in der einen Hand ein Sistrum und in der andern einen Lotusstrauſs hält; sie heiſst [hieroglyphs] die Frau Sängerin des Ammon *Bari*⁻.

Dieser Papyrus enthält aufser mehreren unedierten Kapiteln wichtige Varianten. Zu den letztern gehört die Gruppe [hieroglyphs] für das auch vorkommende, gewöhnliche [hieroglyphs] (vgl. 149, 18. 25. 31. 43 und passim).

---

¹) Description raisonnée p. 238.

L.b enthält die folgenden Kapitel: Fragment von 81 und 15, 125 Einleitung, Confession, 24, 27, 25, 30 A V., 43, 38 A V., 53 V., 119, 118 u. 117 mit beiden gemeinsamer Vignette, 55 V., 38 B, 40, 39, 99, 175, 149 a—l V., 186.

L.c.

T. 6[1]). Papyrus aus Theben mit gemalten Vignetten, von rechts nach links geschrieben und jüngern Datums als der vorhergehende. Ich möchte ihn ans Ende der XIX. oder an den Anfang der XX. Dynastie setzen, besonders in Rücksicht auf die Tracht des Verstorbenen, sein langes Haar und den Kegel, welchen er auf dem Kopfe trägt. Er hat jedoch keine Sandalen. Seine Titel sind sehr lang. Gewöhnlich heifst er 〈hieroglyphs〉 „der Osiris *Horemcheb*"; aber zwei oder dreimal giebt er uns das Verzeichnifs aller seiner Würden: 〈hieroglyphs〉 „der göttliche Vater des Ammonrasonter, der Priester-Vorsteher des Altarsaales, der Vorsteher der Bücher der Sanctuarien des Ammontempels, der Vorsteher der Bücher der Sanctuarien aller Götter von Ober- und Unterägypten *Horemcheb*".

Der Inhalt besteht namentlich aus den letzten Kapiteln des Todtenbuches: Anbetung des Harmachis, Tum und Osiris, 130 V., 100 V., 91, 147 V., 146 V., 109, 110 Elysische Gefilde, 149 a—k V., 125 Einleitung, Confession (vom gewöhnlichen Texte sehr abweichend).

Die Reproductionen dieses Papyrus sind nach einer Photographie gemacht, deren Aufnahme Herr Dr. LEEMANS gütigst gestattet hat.

---

¹) Description raisonnée p. 238.

Ld.

T. 7¹). Papyrus aus Theben mit gemalten Vignetten, wie ich vermuthe, aus der XX. Dynastie. Derselbe enthält Darstellungen und Texte, welche nicht zum Todtenbuche gehören. Es finden sich darin vereinzelte Vignetten und Auszüge aus verschiedenartigen funerären Texten. Er ist geschrieben für [hieroglyphs] „den göttlichen Vater des Ammonrasonter im Apet von Theben Paiser". Seine Frau hiefs [hieroglyphs] Turet.

Er enthält die folgenden Kapitel: Darstellung der Göttin Nut über dem auf die Erde gestreckten Seb, von Schu gestützt. Die Sonnenbarke zieht auf den Beinen und Armen der Göttin einher. Darüber die Elysischen Gefilde, verschiedene Vignetten, Anbetung des Osiris. Vignette des feurigen Ofens und der vier Kynokephalen: Kap. 148 mit Zusatz und Bild: 141—3 mit Bild.

Le.

T. 4²). Dieser durch die Schönheit seiner Vignetten ausgezeichnete Papyrus ist einer der ersten, welche ich in Leyden studiert habe und den ich für diese Ausgabe zu verwerthen gedachte. Später belehrte mich ein eingehenderes Studium, einmal dafs er dermafsen incorrect ist, dafs es gefährlich ist ihn zu benutzen, sodann dafs er ohne Zweifel einer jüngern Epoche angehört als die von mir in diesem Werke berücksichtigte. Es ist möglich, dafs er noch später als die XXII. Dynastie ist. Jedesfalls ist er zu einer Zeit geschrieben, wo das Land unruhig und vielleicht der Anarchie anheimgefallen war und wo es keine anerkannte königliche Autorität gab. Obwohl er aufserhalb meines Planes liegt, so habe ich ihn doch nicht ganz bei Seite gelassen, sondern von ihm einen allerdings sehr beschränkten Gebrauch gemacht. Ich meine, dafs man seine

---

¹) Description raisonnée p. 240.
²) Description raisonnée p. 235.

Varianten wie die des Papyrus Busca nicht ohne weiteres annehmen darf: ich habe deshalb nur die des 17. Kapitels angeführt, auch nur bis dahin, wo der Papyrus zu schlecht wird. Über den Grad von Correctheit dieses Textes kann man nach dem unedierten Kap. 81B urtheilen, welches ich ganz reproduciert habe, und über die Art seiner Vignetten nach denen zu Kap. 40.

Der Verstorbene trug einen memphitischen Priestertitel. Er hiefs [hieroglyphs] „der Osiris Pakrer". Was die [hieroglyphs] anbetrifft, über die er gesetzt war und die dem Ptah gehörten, so ist es ein neues Wort, für welches ich keine Übersetzung vorschlagen kann. Offenbar ist es von [hieroglyphs] „die Harfe" verschieden, und bezeichnet ein Metall oder etwas daraus Verfertigtes, wie Vasen oder dergl. Die Frau oder Schwester Pakrers hiefs [hieroglyphs] „die Frau Auai".

Der Name Pakrer erinnert an den des Prinzen der Stadt [hieroglyphs] *Sopt-Phaeusa*, der in der Inschrift des äthiopischen Königs Nut und in der Esarhaddons erscheint. Es wäre seltsam, wenn dieser Papyrus nicht älter als die XXV. Dynastie sein sollte. Indessen mufs ich die merkwürdige Thatsache erwähnen, dafs Pakrer sich zweimal königliche Titel beilegt: [hieroglyphs] was ihn aber nicht hindert, wie man sieht, seinen Priestertitel beizubehalten. Ein anderes Mal wird er genannt: [hieroglyphs], worauf der Name seiner Frau folgt. [hieroglyphs] ist wahrscheinlich hinzugefügt, um seine Gleichheit mit Osiris, dem eigentlichen [hieroglyphs], entschiedener zu bezeichnen. Nichtsdestoweniger haben wir hier ein seltenes Beispiel der Anmafsung des königlichen Titels, die nur zu einer Zeit denkbar ist, wo das Königthum stark erschüttert war. In einigen Kapiteln erscheint Pakrer nicht, sondern nur der Name seiner Frau, z. B. in 81B.

Der Inhalt des Papyrus ist der folgende: Anbetung des Osiris: [hieroglyphs] unediert; 1 V., Psychostasie, 17 V., 109 V., 108 V., 100 V., 60 V., 33 V. [hieroglyphs]

[hieroglyphs] unediert; 40 V., 36 V., 31 V., 85 V., 124 V., 87 V., 95 Titel, 78 V., 38 B, 86 V., 57, 78 V., 81 B V., 85 V., Fragment von 99 V., 125 Einleitung und Confession, 148 V., 110 Einleitung. Elys. Gefilde, 186 zerstört.

P. Pariser Papyri.

Die Pariser Papyri, zu deren Beschreibung wir jetzt übergehen, sind meist im Louvre befindlich, mit dessen Sammlung sich nur die des Britischen Museums messen kann: andere sind in der Bibliothèque nationale, im Cabinet des médailles und in einigen Privatsammlungen. Über die erstgenannten können wir sehr kurz sein, da sie bereits von CHAMPOLLION, E. DE ROUGÉ und besonders in dem vortrefflichen Cataloge des verstorbenen DÉVÉRIA beschrieben sind.

Pa.

Louvre III. 1, Inventar 3073. Dieser schöne Papyrus ist in dem funerären Saale des Louvre in einem grofsen, fast die ganze Wand einnehmenden Rahmen von mehreren Abtheilungen mit andern ausgehängt. Es ist unendlich zu bedauern, dafs die frühere Verwaltung des Louvre diesen wichtigen Text den Arbeiten der Ägyptologen auf diese Weise entzogen hat. Da er unter einem nicht abhebbaren Glase hängt, so läfst er sich nicht photographieren, ist schwer zu benutzen oder doch nur mittels einer vollständigen, aus der Ferne zu nehmenden Copie, die nicht nur viel Zeit, sondern auch öftere Berichtigungen erfordert. Wie sehr ich auch den Herren PIERRET und REVILLOUT für die mir nach ihren Befugnissen gewährte Erleichterung beim Studium dieser Urkunde dankbar bin, so kann ich mich doch nur den von andern Ägyptologen[1]) ausgesproche-

---

[1]) LEFÉBURE, Le papyrus de Soutimès, p. 1.

nen Wünschen anschliefsen, die gegenwärtigen Conservatoren möchten die Abstellung eines Übelstandes herbeiführen, für welchen sie selbst nicht verantwortlich sind.

Ich hatte zum Studium dieses Papyrus eine vollständige Copie zur Verfügung, welche Mr. BOURIANT *ad hoc* gemacht und Mr. MASPERO gütigst revidiert hatte; sodann für eine kleine Anzahl von Kapiteln Copieen von Mr. LEFÉBURE, Mr. MALLET und mir selbst.

Dieser Papyrus ist im Stile der XVIII. Dynastie geschrieben; er hat das Zeichen der Negation, aber nicht den bewaffneten Arm; er war im voraus angefertigt, denn der Name des Verstorbenen ist offengelassen, ebenso der seiner Frau. Der Verstorbene wird mit kurzem, kaum bis an die Schultern reichendem Haupthaar dargestellt; gewöhnlich, mit Ausnahme der Eingangsdarstellung, trägt er nur den Schurz. Die Vignetten sind wenig zahlreich, sie sind mit dem Texte zu gleicher Zeit gemacht.

Die Kapitel, welche dieser Papyrus enthält, sind: Anbetung des Osiris, 180, 54, 55, 38A, 56, 124, 13, 138, 123, 12, 15B III Titel, 102V., 123, 152, 80V., 82V., 85V., 72, 83V., 77V., 86V., 78V., 146V., 125 Einleitung, Confession, Psychostasie mit 30B, Schufsrede V., Nachschrift, 136A, 136B V., 149V., 150, 79 mit einem Zusatze. Das 123. Kapitel ist, wie man sieht, wiederholt.

Pb.

Louvre III. 93. Inventar No. 3092. Dieser Papyrus ist neben *Aa* und *Ca* derjenige, welcher mir bei der Wiederherstellung der thebaischen Ausgabe am meisten genützt hat, wie man schon aus der daraus gewonnenen beträchtlichen Zahl von alten oder unedierten Kapiteln ersehen kann.

Dieser schöne Papyrus, welcher dadurch von der allgemeinen Regel abweicht, dafs Text und Vignetten mit gleicher Sorgfalt ausgeführt sind, ist geschrieben für einen Priester namens *Turo* genannt *Neferubenef*. Er wird immer durch den letztern Namen bezeichnet, ohne dafs demselben je die Qualification „Osiris" vorangienge. Seine Frau hiefs [hieroglyphs] „die Frau Usai" und seine Mutter, deren Name auf einem sehr fragmentierten Stücke des Anfangs erscheint, [hieroglyphs] „die Frau Merit".

Dieser Papyrus ist gleichfalls, wie der Stil der Schrift deutlich zeigt, aus der XVIII. Dynastie; die Kleidung ist den Gelegenheiten angemessen verschieden. Manchmal trägt der Verstorbene nur den Schurz, andere Male einen bis auf die Knie herabgehenden Rock, manchmal endlich ein bis auf die Füfse gehendes Gewand, das jedoch ohne die grofsen, weiten Ärmel ist, welche man unter der XIX. Dynastie sieht. In einigen seltenen Fällen ist er vollständig unbekleidet. Das Haar ist im allgemeinen sehr kurz, nur mitunter fällt es bis auf die Schultern. Einige Male trägt der Verstorbene Sandalen.

Die Schrift hat die beiden Zeichen [hieroglyph] und [hieroglyph]. Eine Eigenthümlichkeit, die ich ziemlich häufig bemerkt habe, ist die Abkürzung des Pronomens [hieroglyphs] zu [hieroglyphs] oder [hieroglyph] (vgl. Kap. 9, 2; 78, 17. 35; 79, 7. 8 und passim).

Der Papyrus enthält die Anbetung des Osiris, dann, nach DÉVÉRIA, einige kleine Bruchstücke von 145, 141, 133. Darauf folgen die Kapitel: 136 viel länger als gewöhnlich in den alten Papyren, 130, 148V., 68V., 69, 70, 92V., 67, 8, 9V., 8, 72V., 71V., 152V., 93V., 75, 94V., 95, 78V., 77V., 83V., 84V., 85V., 82V., 86V., 87V., 88V., 65V., 89V., 153AV., 64V., 30BV., 79, 26, 28V., 27, 30A, 41V., 42V., 14, 61V., 60, 62, 56, 57, 138, 153BV., 151V., 156V., 155V., 161V., 174, 110 Einleit., Elysische Gefilde, 169, 170, 99 Einleitung V., 99V., 100V., 125 Einleitung, Confession, Psychostasie, Schlufsrede, Nachschrift, 136B, 149V., 150.

Kap. 8 ist wiederholt, aber nicht ganz.

Pc.

Louvre III. 89, Inventar No. 3074. Dieser Papyrus ist als der mit weifser Tinte geschriebene bekannt und als solcher von DE ROUGÉ beschrieben; aber eine aufmerksame Betrachtung und Prüfung mit der

Lupe zeigt deutlich, dafs nicht die weifse Tinte schwarz geworden, sondern dafs im Gegentheil die schwarze Tinte weifs geworden ist. In den geraden Zeilen und auf gewissen Tafeln kann man den Übergang vom Schwarzen zum Weifsen leicht bemerken. Dieselbe Beobachtung kann man auch in anderen Papyren machen: das Schwarz der Vignetten ist weifs geworden, wie im Papyrus der Königin Mutter Net'emt. Der Papyrus Pc ist im voraus angefertigt und der Name des Verstorbenen mit einer Tinte hinzugefügt worden, welche sich besser erhalten hat und immer schwarz erscheint.

Dieser Papyrus gehört gleichfalls in die XVIII. Dynastie. Er ist geschrieben für [hieroglyphs] den Obersten der Bauern der göttlichen Frau, den Schreiber *Tenna*[1]. Meist wird er einfach „der Schreiber Tenna" genannt. Er war ein Sohn der [hieroglyphs] „der Frau *Atai*". Im allgemeinen wird er nicht Osiris genannt, doch kommt es einige Male, besonders gegen Ende des Papyrus, vor. Der Name [hieroglyphs] ist häufig. So hiefs, wie wir oben gesehen haben, der Vater Nebsenis (*Aa*). Man kennt einen Tenna aus der Regierung Thothmes IV[2]. Endlich giebt es noch einen andern Mann desselben Namens, den ich für älter halten möchte, einen Aufseher der Speicher, von dem man einen Rechnungspapyrus besitzt (Louvre IX. 1).

Die Vignetten sind mit vieler Sorgfalt gemalt, die merkwürdigsten darunter sind die zu Kap. 146, welche in dieser Ausgabe in kleinerm Mafsstabe wiedergegeben sind; sie finden sich in keinem andern Papyrus wieder.

Die Urkunde beginnt mit einer Opferliste und einer Scene, in welcher der mit dem Pantherfelle bekleidete *Sem*-Priester über einen schwarzen Sarcophag mit vergoldeten Streifen libiert; dann folgen: 17, 18, Anbetung des Osiris, einige Zeilen von 124, 1V., 22V., 23, 25, 26V., 28V., 27V., 30AV., 31V., 33 und 34V., 74V., 91V., 14, 68V., 83V.

---

[1] Vergl. *Ta*.
[2] CHAMPOLLION. Notices I. p. 480 und 829.

84 V., 85 V., 63 V., 105 V., 95 V., 119, 86 V., 87 V., 81 V., 42, 79 V., Nachschrift zu 72, 132 V., 9 V., 99 V., 144 V., 71 V., 151 V., 15 B III, 100 V., 147, Fragment V., 146 V. 125 Einleitung V., Confession, Schlußrede, Nachschrift, 148 V., Nachschrift, Psychostasie, 136 B V., 149 V., 150.

Pd.

Bibliothèque nationale, Papyrus des Sutimes. Diese Urkunde ist von LEFÉBURE und GUIEYSSE schön publiciert und übersetzt worden. Meine gelehrten Collegen haben die Güte gehabt mir die Probedrucke der Tafeln vor deren Ausgabe mitzutheilen. Ich stimme in der Zeitbestimmung dieses schönen Papyrus mit ihnen vollständig überein: er ist sicherlich nicht älter als die XIX. Dynastie. Ich halte ihn für durchaus gleichzeitig mit Le., dessen Verstorbener denen des Sutimes ganz ähnliche Titel hat. Auch die Tracht des letztern führt uns auf diese Epoche. Er ist beständig mit sehr weitärmeligen Gewändern angethan; sein Haar reicht bis auf die Schultern herab; auch seine Frau trägt langes Haar und auf dem Kopfe einen kegelförmigen Zierrath und einen Lotus.

Die Titel des Verstorbenen sind: „der Priester, der Oberste des Altarsaales, der Vorsteher der Bücher des Sanctuariums von Apet, der Oberwächter der Bücher des Tempelschatzes des Ammonrasonter *Sutimes*". Seine Frau war „die Frau Sängerin des Ammon *Hentaeteru*". Diese Titel werden fast immer abgekürzt. Im allgemeinen wird der Verstorbene nicht Osiris genannt; doch wird ihm diese Bezeichnung in den großen Darstellungen und im Kap. 149 beigelegt.

Obwohl dieser Papyrus im ganzen correct ist, so enthält er doch einige arge Nachlässigkeiten. So ist die ganze Einleitung zu Kap. 110 verkehrt abgeschrieben; und daß der Copist sein Original an der unrichtigen Seite vorgenommen hat, wird deutlich dadurch bewiesen, daß die Einleitung zu den Elysischen Gefilden auf diese Darstellung folgt, während sie ihr vorangehen sollte. Derselbe Fehler zeigt sich im Kapitel 149J, aber nicht in den andern „Wohnungen".

Der Papyrus des Sutimes enthält die folgenden Kapitel: Anbetung des Osiris. Dieses Stück, welches den gewöhnlichen Anfang der ältern Papyri bildet, ist in den verschiedenen Exemplaren verschieden; aber da eines gegeben werden mußte, so habe ich das des Sutimes gewählt und als Kap. 185 aufgenommen. Darauf folgen: 17. Z. 1—8, 18. Z. 33—37, 1. 68, 89 F., 92 F., 63 F., 105 F., 42 F., 26 F., 30 B F., 22 F., 5 F., 67, 61 F., 79 F., 125 Einleitung F., Confession. Elysische Gefilde. 110 Einleitung, 149 F. mit der Angabe der Farben. 16 B Darstellung des Westens.

Pe.

Louvre III. 36, Inventar No. 3132, ist in einer schönen Publication wiedergegeben, welche DÉVÉRIA begonnen und PIERRET beendigt hat[1]). Dieser Papyrus gehört der XIX. Dynastie an. Er war geschrieben für den Verstorbenen ⟨hieroglyphs⟩, dessen Namen PIERRET *Nebqed* liest, den ich aber *Nebketen* aussprechen möchte. Diese Persönlichkeit hat sehr lange Titel, welche nach den einzelnen Stellen verschieden lauten, aber alle ein Richteramt zu bezeichnen scheinen. ⟨hieroglyphs⟩ „der Schreiber der Gerechtigkeit". ⟨hieroglyphs⟩ „der Schreiber der Gerechtigkeit im Hause der Gerechtigkeit". ⟨hieroglyphs⟩ „der Schreiber der Bücher für den Ort, wo der König ist, der die Geschäfte des Herrn des Palastes besorgt, der welcher die Gesetze im Hause der Gerechtigkeit aufrecht erhält". Außerdem hatte er einen priesterlichen Titel: er war ⟨hieroglyphs⟩ „Pastophor des Ammon".

Über die Verwandtschaft Nebketens werden wir wohl unterrichtet. Seine Mutter heißt einmal ⟨hieroglyphs⟩ *Amenemheb*, was aber nur ein angenommener Name zu sein scheint, denn ihr wirklicher Name war

---

[1]) Le papyrus de Nebqed. Paris 1872.

🜛. Es scheint mir annehmbar, dafs die Verstorbenen oder deren Familienangehörige sich in gewissen Fällen mit einem Namen zu schmücken liebten, welcher den einer Gottheit, namentlich Ammons, enthielt. Ein Beispiel für den Verstorbenen selbst werden wir in dem Papyrus *Pf* finden. Hier hat die mit ihrer Schwiegertochter, deren Name den der Göttin Mut enthält, vor Osiris dargestellte Mutter ihren Namen ändern und Ammon dafür setzen zu sollen geglaubt.

In dieser selben Anbetungsscene erscheint hinter der Mutter 🜛 𓏦 die Frau, die Favoritin der Nubemaut (vermuthlich Hathor) *Mutemheb*. Dieselbe wird einmal seine Schwester und einmal seine Frau genannt. Ich habe schon mehrfach hervorgehoben, dafs das Wort „Schwester" wahrscheinlich eine andere Bezeichnung für die Gattin war, und es wird durch den vorliegenden Fall aufs neue bestätigt; denn die Mutter *Mutemhebs* hiefs 🜛 *Hanefert*, es war also nicht dieselbe wie die Nebketens. Der Vater des letztern war Pastophor und hiefs 🜛 *Amenemapt*, und als sein Sohn wird 🜛 *Ap* genannt.

Dieser Papyrus, dessen Vignetten besonders schön sind, bietet einen Text, der nicht in entsprechender Weise correct ist. Die Farbe des in den Vignetten zu Kap. 1 dargestellten Sarcophags könnte bewegen ihn in die XVIII. Dynastie zu setzen. Aber die Kleidung des Verstorbenen und der Frauen, der Umstand, dafs jener immer Osiris genannt wird, dann auch die Länge und Weitläufigkeit seiner Titel, sprechen dafür, ihn mit den gelehrten Herausgebern der XIX. Dynastie zuzuschreiben.

Der Papyrus enthält: Anbetung des Osiris, 124, Vignetten zu Kapitel 1, unter welchen das Ende von 124, 72, 14 und 24 stehen; Titel und Vignette zu 64, 117 mit Zusatz. 116 V., 109 V., 83 V., 84 V., 85 V., 82 V., 77 V., 86 V., 87 V., 88 V., 81 V., 30 B V.[1]), 7 V., 27 V., 38 A V., 125 Schlufsrede, 151; darunter 27 V., 91 mit Titel zu 59, 42, 1. Dieser Theil

---

[1]) Auf Tafel V, 31 und 32 hat man irrthümlich Zeilenfragmente, welche zu Taf. VI, 26 und 27 gehören, aufgeklebt.

des Papyrus ist sehr vernachlässigt. Der Schreiber hat eine Umstellung vorgenommen: die Schlußrede zu 125 und dann 151 sollten erst auf die übrigen Theile von 125 folgen; außerdem sind mehrere der kleinen Texte von 151 in verkehrter Richtung copiert. Es folgen 125 Einleitung V., Confession V., Nachschrift und Psychostasie, über welcher 30 B. 100 V., 99 V., 102 V. Nachschrift zu 18. Fragment von 42 und Elysische Gefilde. Wie man schon aus diesen Angaben ersieht, ist dieser Papyrus keiner der sorgfältigsten aus dieser Epoche.

Pf.

Louvre III. 9. Inventar No. 3097. Diese Urkunde ist nicht auf Papyrus geschrieben: es ist eine Leinewand, die vermuthlich zur Einwickelung einer Mumie gedient hat und deren Text in drei übereinander stehende Abtheilungen zerlegt ist. Der Stil dieses Schriftstücks erinnert durchaus an den der Leinewand von Avignon. Es muß der XVIII. Dynastie zuerkannt werden. Der Verstorbene führt in der Anbetungsscene zu Anfang die folgenden Namen und Titel: 〈hieroglyphs〉 „der Vorsteher des Viehs des Ammon, der erste Schreiber Amenemheb". Es ist das einzige Mal, daß er diesen Namen trägt; denn sonst heißt er überall 〈hieroglyphs〉 „der erste Schreiber" oder einfach „der Schreiber Mah". Nachdem er die Würde eines Vorstehers des Viehs des Ammon erlangt hatte, die ihn mit dem Dienste dieses Gottes in Verbindung brachte, hat er sich wahrscheinlich zur Veränderung seines Namens und zur Annahme eines neuen veranlaßt gesehen, der zugleich bekundete, daß er zu den Beamten des Ammontempels und seines Cultus gehörte.[1]) Seine Frau hieß 〈hieroglyphs〉 Amenemapt. Niemals findet sich beim Namen des Verstorbenen die Bezeichnung Osiris.

---

[1]) Herr Prof. STERN macht mich darauf aufmerksam, daß auch der Feldherr Tothmes' III. Amenemheb 〈hieroglyphs〉 genannt zu werden scheint (Zeitschrift 1873, p. 9), und daß das letztere vermuthlich eine Abkürzung des Namens Amenemheb ist.

Die drei Abtheilungen folgen genau auf einander und die oberste ist die erste. Anbetung des Osiris, 1*V*. zerstört, 99*V*., 125 Confession, Psychostasie, Einleitung, Nachschrift; Fragment eines unbekannten Kapitels: 141—3, 92*V*., 86*V*., 81, 74*V*., 60*V*., 106*V*., 116*V*., 108*V*., 109*V*., 2*V*., 66*V*., 75*V*., 94*V*., 136A, 136B*V*., 83*V*., 30B*V*., 85*V*., 77*V*., 149*V*. mit der Angabe der Farben, 150.

Pg.

Papyrus Geslin. Mr. GESLIN, der geschickte Zeichner vieler Publicationen DE ROUGÉ's und MARIETTE's, hat mir gütigst einen Papyrus zum Studium mitgetheilt, den er auf einer Auction erworben hat. Dieser Papyrus ist für eine hochgestellte Persönlichkeit des Heeres geschrieben, die einen priesterlichen Titel nicht gehabt zu haben scheint. Sie heifst [hieroglyphs] „der Osiris, der Schreiber der Soldaten des Königs, der Soldatenoberst *Pauer*". Seine Schwester oder Frau hiefs [hieroglyphs] „die Frau *Raa*". Obgleich dieser Papyrus als Text nicht schlecht ist, so ist doch zu bemerken, dafs die meisten Kapitel kürzer als gewöhnlich sind und vor dem Ende abbrechen. Er enthält zwei Fragmente einer neuen Version von Kapitel 145 unter der Form eines Zwiegesprächs, von dem leider nur ein kleiner Theil übrig geblieben ist (145B).

Diese Urkunde ist zu Anfang und Ende unvollständig. Die sehr sorgfältigen Vignetten sind fast überall zerstört. Den Inhalt bilden die Kapitel 88*V*., 81*V*., 78*V*., 60*V*., 106*V*., 92*V*., 63A, 105, — Lücke — 83, Fragment *V*., 82, 145B.

Ph.

Papyrus Mallet. Diese Urkunde befindet sich in der schönen Sammlung des Herrn Baron MALLET, der mir das Studium derselben gütigst gestattet hat. Der Papyrus ist zu Anfang vollständig, aber es fehlt ein Theil des Endes. Er ist für einen Verstorbenen geschrieben, welcher einen seit der XIX. und bis in die XXVI. Dynastie häufigen Namen trägt: [hieroglyphs] „der Osiris, der göttliche Vater des Ammon, der Vorsteher der Niederlage *Bekenchonsu*". Die Titel des Verstorbenen und der Stil der Urkunde bestimmen mich, ihn unter die XX. Dynastie zu setzen.

Dieser Papyrus beginnt mit der Darstellung der Elysischen Gefilde, dann folgt als Commentar dazu Kap. 149b, darauf 77, 81, 61, 35, 149a, 44, 63, 53 und 125 Confession.

Pi.

Bibliothèque nationale, 20—23. Papyrus der XX. Dynastie, von rechts nach links geschrieben. Er ist angefertigt für [hieroglyphs] „den Osiris, den Priester des Ammonrasonter, den Giefser beim Ammontempel *Chonsumes*, den Sohn des Ammonpriesters *Penamen*". An Vignetten hat dieser Papyrus nur das Bild zu Anfang, welches den mit dem Pantherfelle bekleideten und das Scepter [hieroglyph] in der Hand haltenden Verstorbenen vor dem Gotte Harmachis-Tum zeigt. Die andern Kapitel sind: 92, 89, 138, 118, 94, 26, 75, 137A.

Pj.

Cabinet des médailles. Grofser Papyrus unter Glas und Rahmen, aus der XIX. Dynastie, aber nachlässig geschrieben: viele Kapitel sind verkürzt und brechen mitten in einer Zeile oder in einem Worte ab. Die Vignetten sind sorgfältig. Der Verstorbene war [hieroglyphs] „der Aufseher der Arbeiten des Königs *Cha*". Seine Frau, die oft erscheint, heifst [hieroglyphs] *Merit*. Der Verstorbene wird im ganzen Papyrus mit einem Gewande bekleidet dargestellt, welches bis auf die Knie reicht; sein Haar geht bis auf die Schultern; der Sarcophag ist schwarz mit gelben Streifen im 1. Kapitel und gleichförmig weifs im 151. Kapitel.

14

Der Papyrus, welcher zu Anfang zerrissen war, fieng mit der Scene der Anbetung des Osiris an; der Gott ist mit einem langen Gewande bekleidet, welches mit rothen Rauten gestreift ist. Die folgenden Kapitel sind: 1*V*., 124*V*., 38 A *V*., 119*V*., 83*V*., 84*V*., 85, 77*V*., 86*V*., 87*V*., 81*V*., 151*V*.

Pk.

Louvre III. 17, Inventar No. 4994. Kleiner Papyrus der XIX. Dynastie, geschrieben für 〈hierogl.〉 „den Schreiber *Hornefert*". Diese Urkunde ist nicht sehr correct. Sie ist auf drei Tafeln aufgezogen; der obere Theil ist meist zerstört. Sie enthielt Kap. 1, 68 und die Ceremonie des *apro* „der Öffnung des Mundes". Nicht Kap. 23 begleitet diese Ceremonie, sondern es ist diese selbst, welche mit den Worten eingeführt wird: 〈hierogl.〉 „Ptah öffnet ihm den Mund mit seinem eisernen Griffel, welcher öffnet ...". Hier vollzieht der Priester die Handlung (vergl. die Bemerkungen zu Kap. 1).

Pl.

Bibliothèque nationale, cartons 231—2. Dicke, sehr lose und ziemlich schlechte Schrift der XX. Dynastie. Der Verstorbene heißt 〈hierogl.〉 „der Osiris, der Prophet, der königliche Handwerker *Kebnefra*". Diese Fragmente enthalten einen Theil von Kap. 17, woran sich ohne Übergang einige Zeilen von 24 und 25 schließen.

Pm.

Bibliothèque nationale No. 233—5. Eine Anzahl kleiner Stücke von einem vortrefflichen Papyrus der XVIII. Dynastie, die aber in so kleine Fragmente zerbrochen sind, daß ich sie kaum benutzen konnte. Er war geschrieben für 〈hierogl.〉 „den königlichen Verzierer *Osiris*, den Sohn des Richters *Poahi* . . . . des Königs *Amonna*". Auf den Fetzen des Textes sieht man, dafs seine Mutter [hieroglyphs] "Amme" war und dafs er eine Tochter hatte, die [hieroglyphs] "erste Amme" war. Es war also eine im Dienste des Fürsten stehende Familie, das Amt Osirius scheint mir etwas wie Kammerdiener oder Parfumeur gewesen zu sein.

Es ist lebhaft zu bedauern, dafs dieser schöne Text sich in einem solchen Zustande der Zerstörung befindet, denn er ist der einzige, in welchem ich einige Worte des 115. Kapitels gefunden habe[1]). Die Fragmente, welche ich habe vergleichen können, gehören zu den Kapiteln 17, 18, 31, 50. 125 Einleitung, 114. 115.

Pn.

Bibliothèque nationale, cartons 33—37. Papyrus aus Theben, der etwa dem Ende der XX. Dynastie angehört. Die Schrift ist grob, der Text bisweilen sehr incorrect und nachlässig. So sollte in der Confession in Kap. 125, welche in zwei Abtheilungen zerlegt ist, die obere die Namen der Götter enthalten: aber da sie zu lang sind, so greifen sie in die zweite Abtheilung über, sogar hinter der Negation. Daraus sieht man, dafs man in die Zeit gelangt, in welcher die Schreiber nicht mehr verstehen, was sie copieren. Der Verstorbene heifst [hieroglyphs] "der Osiris, der Vorsteher der Kammer im Ammontempel *Amenemua*". Inhalt: Kap. 110, Elysische Gefilde, 125 Confession, 130 und Darstellungen der Anbetung.

Po.

Bibliothèque nationale, No. 46. Kleines selbständiges Fragment aus guter Zeit, welches einige Zeilen des 99. Kapitels enthält, ohne den Namen des Verstorbenen.

---

[1]) Vergl. Un ostracon égyptien, p. 7ff. in den Annales du Musée Guimet, Band I.

Pp.

Papyrus Czartoryski. Der Güte des Fürsten LADISLAS CZARTO-RYSKI verdanke ich die Mittheilung eines in seinem Besitz befindlichen Papyrus. Es ist ein sehr schöner Text von beträchtlicher Länge, aber leider ist er ohne Kenntnifs des Inhaltes restauriert worden. Daraus ergiebt sich, warum ich ihn mit Ausnahme einiger Vignetten und einiger längern Fragmente, von denen ich Abschrift genommen habe, nur catalogisieren konnte.

Dieser Text muſs dem Ende der XVIII. oder dem Anfange der XIX. Dynastie angehören. Der Verstorbene, welcher niemals Osiris genannt wird, war [hieroglyphs] der Vorsteher der Felder des Ammon Uar. Manchmal wird sein Name [hieroglyphs] geschrieben. Er ist rosig gelb gemalt und trägt ein bis auf die Knie reichendes Gewand; sein Haar ist lang und fällt bis auf die Schlüsselbeine herab.

Der Papyrus enthält in der jetzigen Reihenfolge seiner Fragmente die folgenden Kapitel: 149 i V., 55 V., 61 V., 63 V., 99, 149 e e, 99, 94 V., 149 f, 149 i Anfang, 184 V., 33 V., 149 o, 150, 42 V., 125 Confession, Nachschrift, Einleitung, 148 V., Anbetung des Osiris, 146 a, 125 Psychostasie.

Pq.

Louvre, Papyrus der Königin Net'emt[1]). Noch eine Ausnahme von der Regel, die ich angenommen habe. Dieser Papyrus gehört in die XXI. Dynastie oder wenigstens an die äuſserste Grenze der XX., wenn man annimmt, daſs Net'emt eine Ramessidenprincessin war, welcher Herhor den Thron verdankte. Dieser Papyrus ist einer von denen, welche in dem Verstecke von Dêr-el-bahri gefunden wurden, als

---

[1]) PIERRET, Recueil d'inscriptions inédites du Musée Egyptien du Louvre II, p. 131.

dasselbe nur erst den Arabern bekannt war, und er ist geschrieben für [hieroglyphs] , die auf ihrem Sarcophage auch [hieroglyphs] [hieroglyphs] genannt wird, „die Königin-Mutter Nefemt". Dieser Papyrus ist in zwei zertheilt worden. Die erste Hälfte ist das Eigenthum des Prinzen von Wales, der sie im Britischen Museum niedergelegt hat; die andere Hälfte ist von der Verwaltung des Louvre angekauft worden, welche mir jede Erleichterung zum Studium derselben gewährt hat.

Dieser Papyrus ist in sehr gutem Zustande der Erhaltung, die Vignetten sind sorgfältig ausgeführt, aber der Text ist schon sehr vernachlässigt; mehrere Theile sind in verkehrter Richtung copiert und auch sonst bemerkt man, dafs der Schreiber seine Columnen aufs Geradewohl ausgefüllt hat, ohne den Inhalt zu verstehen. Ich habe jedoch diesen Papyrus benutzen zu können geglaubt, in Sonderheit für Kap. 141—3, wo die Umstellung nichts Unzuträgliches hat. Ich habe übrigens nur den zweiten Theil studiert, den in Paris befindlichen, und diesen allein habe ich hier catalogisiert.

In Kap. 17 setzt der Papyrus da ein, wo der in London aufhört; 18, 24 — darüber Vignette zu 153, 89, 71 und zwei Sonnenbarken; 83 V., 84 V., 110 Einleitung, Elysische Gefilde. Ende der Einleitung, 134, 136 A., 2, 3, 132, 141—3, 63 V., 106, 79 V., 102, 136 B V., Vignette 149 und 150; 125 Einleitung, Confession, Psychostasie, 146a—f. Vignette zu 148: Anbetung des Osiris, Darstellung, in welcher die Königin hinter ihrem Sohne Herhor sitzt.

T. Gräber in Theben.

Aufser den Papyren habe ich auch die Texte in einigen wenigen altägyptischen Gräbern benutzt, welche meist schon bekannt sind. Zwei dieser Gräber gehören Privatmännern der XVIII. Dynastie an und vier Königen aus dem Ende der XIX. und aus der XX. Dynastie.

Ta.

Grab des Amenemha[1]). Grab aus der Zeit Thothmes' III. mit dem 28. Jahre seiner Regierung, bei Abdelqurnah gelegen. Die funerären Texte schmücken ein ganzes Zimmer aus, links vom Eingange mit dem 17. Kapitel anfangend. Sie sind nicht eingemeifselt, sondern einfach an die Wand geschrieben, ganz im Stile der von uns behandelten Papyri. Ein Theil des 17. Kapitels ist von Lepsius in Facsimile veröffentlicht worden[2]). Man wird bemerken, dafs der Verstorbene niemals Osiris genannt wird, aber dafs ⌒ und ⌒ alle beide im Texte vorkommen. Der Verstorbene war [hieroglyphs] [3]) „Haushofmeister des Gouverneurs, der Schreiber Rechnungsführer bei dem Getreide in den Speichern der heiligen Ländereien des Ammon, Aufseher der Bauern des Ammon, Amenemha". Sein Vater hiefs [hieroglyphs] Thotmes und seine Mutter [hieroglyphs] Antef.

Mein gelehrter College Herr Prof. Stern hat die Güte gehabt mir eine von ihm genommene vollständige Copie der Inschriften dieser Grabkammer zur Verfügung zu stellen. Die vorhandenen Kapitel sind: 17, 18, ein unedirtes Kapitel, 80, 133, 134, 65, 148 F., 125 Einleitung, Confession, Schlufsrede, Nachschrift — abgesehen von Anbetungsscenen und einem langen Texte, der an die der Pyramiden erinnert.

Tb.

Grab des Chaemha, Abdelqurnah No. 8. [hieroglyphs] ist eine grofse Persönlichkeit unter der Regierung Amenophis III. Sein schon aus den Werken von Lepsius[4]) und Prisse d'Avennes bekanntes Grab ist kürzlich vollständig von Mr. Loret veröffentlicht worden[5]). Im zweiten

---

[1]) Lepsius, Älteste Texte, p. 14.
[2]) Denkmäler III, 38.
[3]) cf. Pl.
[4]) Lepsius, Denkmäler III, 76—75.
[5]) Mémoires publiés par les membres de la Mission archéologique française au Caire, Livr. 1, p. 113ff.

Saale finden sich mehrere sorgfältig eingegrabene Texte des Todtenbuches, auf der rechten Seite Kap. 110 Einleitung, welche Mr. BOURIANT gütigst für mich copiert hat, und die Elysischen Gefilde. Im Hintergrunde des Saales links von der Thür steht Kap. 112, welches als Seitenstück das jetzt zerstörte Kap. 113 hatte.

Es ist unnöthig hier eine Beschreibung der Königsgräber zu geben. Nur bemerken muſs ich, daſs die Gräber der XX. Dynastie weniger correct sind als die der XIX. und daſs sie besonders seit Ramses IV. nachlässig werden.

Tc.

Grab des Menephthah Siphthah und der Königin Tauser, usurpiert von Setnecht. Im dritten Corridor und längs dem Geländer der Treppe, welche zum zweiten Saale führt, befindet sich Kap. 145. Ich habe 1869 alles Übriggebliebene copiert und hier reproduciert[1]).

Td.

Grab Ramses' IV., No. 2[2]). Ein ganzer Saal dieses Grabes ist mit Texten des Todtenbuches bedeckt, es ist der dritte, der unmittelbar dem Sarcophagsaale vorhergehende. Der Text beginnt links vom Eingang und geht bis ans Ende des Saales, wendet sich dann rechts und kommt hinten am Eingange wieder zurück.

Er enthält [hieroglyphs], ferner einen besonderen Titel nebst Vorwort zur Schluſsrede von Kap. 125 (vgl. II, 335); dann folgen Kap. 124, 127, 125 Einleitung, Confession, Schluſsrede.

---

[1]) CHAMPOLLION, Notices I, p. 451 und 452; Gestalten der Wächter.
[2]) CHAMPOLLION, Notices I, p. 473—76; Suppl. p. 813—820.

Te.

Grab Ramses VI., No. 9[1]). Auch hier ist ein kleiner Vorsaal vor dem Sarcophagsaal mit Texten des Todtenbuches bedeckt. LEPSIUS hat die linke Seite publiciert[2]). Die Texte beginnen im Hintergrunde zur Linken und umfassen: links Kap. 124, 125 Confession und Theil der Schlufsrede, rechts 126 V., 100, Anbetung der Ma und 127A.

Tf.

Grab Ramses' IX., No. 6[3]). Im zweiten Corridor findet sich auf der linken Wand Kap. 125, die Schlufsrede mit dem besondern Titel und dem Vorwort.

---

[1]) CHAMPOLLION, Notices, Bd. II.
[2]) LEPSIUS, Denkmäler III. 226.
[3]) CHAMPOLLION, Notices I, p. 468.

VIERTES KAPITEL.

Bemerkungen zu den einzelnen Kapiteln des Todtenbuchs.

Ich muſs nun zu den verschiedenen Kapiteln, welche dieses Buch bilden, noch einige Bemerkungen machen, namentlich über ihre Stelle in den Urkunden, denen sie entnommen sind. Dabei werde ich alles auf die Interpretation und den Inhalt des Buches selbst Bezügliche bei Seite lassen; auch beabsichtige ich nicht die bemerkenswerthen Varianten, welche sich mir im Verlaufe darbieten könnten, hervorzuheben. Ich werde mich auf das durchaus Nothwendige und was zur Erleichterung des Gebrauchs dieser Ausgabe dienen kann, beschränken.

Kap. 1.

Der zur Basis gewählte Papyrus ist *Ag*. Zwar ist er weder sehr alt noch auch sonderlich correct, im Gegentheil ist der Text, wie sich weiterhin zeigen wird, fehlerhaft; aber er hat sehr vollständige Vignetten und ist, wie in der Beschreibung oben bemerkt wurde, datiert. Die Varianten geben uns einen Begriff von den Veränderungen, welche der Text in einer verhältniſsmäſsig beschränkten Zeit, von der XVIII. bis zur XIX. Dynastie, erlitten hat.

Kein einziger unter den alten Texten geht über die Zeile 16 in *S* hinaus[1]). Alles Folgende ist neuern Ursprungs. Nach den Worten [hieroglyphs] „man findet nicht seine Übertretung" haben

---

[1]) Mit dem Buchstaben *S* bezeichne ich die nachsaïtische Redaction, wie wir sie aus dem Turiner Papyrus kennen.

die alten Texte statt des einfachen Zusatzes [hieroglyphs] „in der Waage" eine ausführlichere Wendung: [hieroglyphs] „die Waage ist leer von allem, was ihn betrifft," und damit schliefst das Kapitel. Dieser Satz scheint zu besagen, dafs die Psychostasie stattgefunden hat, und man sollte hier eine darauf bezügliche Darstellung erwarten. In der That findet sie sich auch hier in *Ag*, *La* und *Le*. Im erstgenannten Texte geht die Psychostasie dem Kap. 1 voraus, in den beiden andern folgt sie darauf, aber ohne das lange Stück, welches Kapitel 125 bildet. Dieses Kapitel findet sich weiterhin in *La* und *Le* mit einer neuen Darstellung der Waage.

So haben wir von vornherein den Beweis, dafs das Todtenbuch keine Einheit, sondern eine Sammlung ist. Sogleich das 1. Kapitel ist mit der Psychostasie abgeschlossen. Die letztere ist durch Hinzufügung der negativen Confession, der Einleitung, der Schlufsrede weiter entwickelt worden; man hat daraus Kap. 125 gebildet, welches folglich jünger sein mufs als Kap. 1. Denn schwerlich kann die abgekürzte Redaction die jüngere sein; vielmehr ist die ausführlichere, in welcher die meisten Personen erscheinen, die spätere.

Der gewöhnliche Platz des 1. Kapitels ist unmittelbar hinter der Anbetung des Osiris, welche in der Regel den Anfang der Leichenpapyri bildet; gewöhnlich geht es auch dem Kap. 17 vorher oder befindet sich doch in der Nähe dieses Kapitels. Es ist freilich wohl das erste Kapitel des Todtenbuchs, denn nach dem Titel werden diese Worte gesprochen [hieroglyphs] „am Tage der Bestattung". Der Verstorbene soll dadurch seine Ankunft in der Amenthes ankündigen; es sind die ersten Worte, welche er hören lassen soll. Auch stellen die Vignetten die Bestattungsceremonie dar, d. h. den Augenblick, wo der Verstorbene so spricht. Einige Papyri, wie *Le* und *Pe*, haben nur die Vignetten des 1. Kapitels ohne den Text, auf welchen sie auch keinerlei Beziehung haben und in welchem sich keinerlei Anspielung auf das Ceremonial findet, dessen Feier sie zur Anschauung bringen. Sie stellen dar, was auf der Erde vorgeht, während der Todte vor das Gericht des Osiris hintritt.

Wie die Varianten zeigen, hat keiner der alten Papyri den Titel von *S*, der sich nur in *Ag* wiederfindet. Alle andern benennen dies Kapitel [hieroglyphs] „das Kapitel von der Ankunft vor den ‚Räthen‘ oder ‚den Richtern‘ des Osiris". Diese Richter sind die vier Genien, welche in der Psychostasie das Tribunal unter dem Vorsitze des Osiris bilden. Damit steht der Schlufssatz des Kapitels durchaus im Einklang. Dieser Titel ist derselbe wie der von Kap. 124, mit dem die Papyri manchmal beginnen, wie *Ab* und *Pe*, wo ihm ein allgemeiner Titel vorangeht. Keiner dieser Papyri enthält Kap. 1, während *Pe* nur die Vignetten desselben hat; es wird durch Kap. 124 ersetzt, obschon dessen Text zu jenem in keiner Beziehung steht.

Derselbe Titel gehört einem in *S* nicht vorkommenden Kapitel an, welches ich als 181. zähle, einer Anrufung des Osiris.

An Kap. 1 schliefst sich in *S* eine lange Rubrik, welche mit der des 72. Kapitels identisch ist. In den meisten Fällen fehlt die Nachschrift dem 1. Kapitel und ist dem 72. angehängt; nur *An* und *La* knüpfen es an Kap. 1. Sie ist hinter 72 reproduciert und dort sind auch die dazugehörigen Varianten nachzusehen.

Auf Kap. 1 folgt unmittelbar fast immer Kap. 17; indessen findet es sich auch vor andern häufigen Kapiteln, wie vor 68 (in *Cb*, *Cd*, *Pk*), vor der Reihe der Verwandlungen (in *Aa*) und vor 99 (in *Pe*).

Wie schon gesagt wurde, enthält der Papyrus *Da*, ohne Zweifel durch die Unachtsamkeit des mit der Abschrift betrauten Copisten, zwei Versionen des 1. Kapitels, welche unmittelbar auf einander folgen und fast gleichlautend sind. In diesem Kapitel ist *Da* sehr verwandt mit *Ap* und auch, obwohl in geringerem Grade, mit *La*, *Aa* und *Ae*.

Die Vignetten geben uns eine vollständige Darstellung der Leichenprocession, welche in Begriff steht die Mumie in das für sie bestimmte Grab zu legen. Hier hat *Ag* ein Bruchstück des eigentlichen Rituals bewahrt. Es lehrt uns, dafs man bei dieser Gelegenheit die Ceremonie der „Öffnung des Mundes"[1]) vornahm, in welcher der Priester viermal

---

[1]) Schiaparelli, Il libro dei funerali, p. 22ff.

um die mit dem Gesicht nach Mittag gewandte Mumie geht, indem er vier Wassergefäfse trägt, welche, wie er sagt, zu den Reinigungen des Horus, Thoth, Seb und Sep gedient haben.

Kap. 1 B.

Mit 1 B habe ich ein Kapitel bezeichnet, welches mit dem vorhergehenden nichts zu thun hat, aber doch hier eingeschoben werden mufs, da es auf den Tag der Bestattung Bezug hat. In dem als Basis genommenen *Ba* folgt es auf Kap. 1, wogegen es in *Ia* sehr weit davon entfernt ist und hinter 65 steht. Die Titel der beiden Urkunden sind nicht dieselben. In *Ba* heifst dies Kapitel „das Kapitel von der Ankunft der Mumie in der Tiefe am Tage der Bestattung", während es in *Ia* „das Kapitel von der Ankunft in Roset" genannt wird. Der Text war in *Ia* ausführlicher, er enthielt in Sonderheit die Namen der Schlangen, vor denen ihn zu bewahren der Verstorbene Osiris bittet. Nachdem dies Kapitel aus der saïtischen Redaction verschwunden war, hat es sich in spätern Urkunden wiedergefunden. Von BIRCH[1]) ist es nach einem Edinburger Papyrus publiciert worden, wo er betitelt ist [hieroglyphs] N. [hieroglyphs]. und von PLEYTE[2]) nach einem Papyrus des Louvre, in dem es [hieroglyphs] genannt wird und zu einer Gruppe mit dem allgemeinen Titel [hieroglyphs] gehört. In der Pleyteschen Sammlung ist dieses Kapitel No. 172.

Kap. 2 und 3.

Die Gruppe, welche in 8 bis zum Schlufs des 15. Kapitels reicht und ein mit den Vignetten der Leichenprocession versehenes Ganzes bildet, existiert in den alten Papyren nicht und ist das Ergebnifs einer spätern Codification. Die einzigen analogen Fälle, welche sich finden,

---

[1]) Proceedings of the Society of Biblical Archaeology 1885 p. 81.
[2]) Chapitres supplémentaires du Livre des Morts.

sind solche, in denen die Länge der Vignetten des 1. Kapitels die Ausdehnung derselben über andere Kapitel veranlafst hat (wie in *Pe*, *Ag*), ohne dafs man dadurch eine Einheit zu schaffen beabsichtigt hätte. Mehrere der kleinen Kapitel hinter Kap. 1 fehlen vollständig (4 und 11); andere, wie 9, 12, 13, stehen in andern Theilen des Buches und noch andere kommen nur selten vor.

Namentlich ist das mit 2 und 3 der Fall. In *S* sind 2 und 65 sehr ähnlich: sie unterscheiden sich nur durch den Titel und den Schlufs. Kap. 2 hat sich nur zweimal gefunden: in *Ae* folgt es auf 76 und steht vor 3, ohne dafs die Beschaffenheit des Papyrus gestattete, den Platz, welchen diese Kapitel in der Reihenfolge des Textes einnahmen, zu bestimmen; in *Pf* folgt es auf 109 und steht vor 66, gleichwohl mit dem Titel des Kap. 2.

Kap. 3 kommt nur in *Ae* vor. Diese beiden Kapitel finden sich in den Papyren der XXI. Dynastie. In dem der Königin Netemt sind sie unter dem Titel von 2 vereinigt und folgen auf 64. In einer andern Urkunde derselben Epoche (Leyden III) folgen sie zwar nicht auf 64, stehen aber nicht weit davon und scheinen für 65 und 66 einzutreten. Es ist daher wahrscheinlich, dafs sie ursprünglich ihren Platz bei 64 hatten, wo sie noch in *S* durch Kap. 65 vertreten werden, welches freilich von dem dieser Ausgabe sehr verschieden ist.

Kap. 5.

Es findet sich in vier Papyren, steht aber in keinem vor 6. Es ist nicht möglich diesem Kapitel einen bestimmten Platz anzuweisen. In *Aa* und *Ai* findet es sich nahe bei 88 und 96—7, in *Pd* steht es unter mehreren kleinen Kapiteln 30, 22, 67, 61.

Kap. 6.

Gehört zu 151 und bezieht sich auf einen der Gegenstände, welche man in der Grabkammer neben dem Verstorbenen niederlegte: man wird auch die Varianten unter Kap. 151 finden. Ich habe jedoch geglaubt die Version von *Aa*, welche ausführlicher ist, wiedergeben zu sollen. In diesem Texte gehört Kap. 6 zu einer Gruppe, welche mit 100 [hieroglyphs] etc. anfängt und mit 155, 156, 160 fortfährt. Es enthält auch mehrere Bestandtheile von 151. In *Ae* fand sich Kap. 6 auch vereinzelt. Mehr als nach den Papyren, welche es nicht häufig darbieten, muſs man dieses Kapitel nach den Todtenstatuetten studieren.

Kap. 7.

Findet sich in 7 Papyren. Ganz willkürlich ist es der Gruppe des 1. Kapitels eingereiht, denn es gehört zu jenen, welche von der himmlischen Schifffahrt reden (vergl. 99, Z. 6). Daher steht es in zwei Papyren, *Ab* und *Ai*, hinter 102 und vor 136A und B. Auch in *Ae*, welcher zu Anfang zerstört ist, geht es 136A und B vorher und endlich steht es in *Ca* vor 102.

Kap. 8 und 9.

Als Base habe ich *Pb* genommen, welcher am vollständigsten ist und dessen Anordnung ich bemerkbar machen muſs. Diese Urkunde stellt mehrere Kapitel zusammen, welche im Titel eine gewisse Ähnlichkeit haben. Es handelt sich immer um „öffnen" [hieroglyphs] oder [hieroglyphs]. Es ist zunächst Kap. 92, dann 67. Nach diesem Kapitel fährt der Text so fort: [hieroglyphs] N. [hieroglyphs] d. h. 8, 6; dann beginnt Kap. 9 mit dem Titel [hieroglyphs], und es folgt Kap. 8 [hieroglyphs]. Die ganze Gruppe 8, 9, 8 trägt den allgemeinen Titel [hieroglyphs], und es folgt darauf 72.

Auſser in *Pb* findet sich 8 nur noch in *Ae*, wo man seine Stelle nicht erkennen kann, und in *Ia*, wo es unmittelbar auf 1B folgt. In den Texten der XXI. Dynastie steht Kap. 8 dem Kap. 44 am nächsten und wird mit demselben sogar zu einem einzigen verbunden.

Kap. 9 kommt in *Pc* vor, wo es zwischen 132 und 99 steht, und in *Ba*, wo es einem Theile von 148 vorhergeht. Die Vignette gehört besonders zu Kap. 9, sie stellt nämlich den [hieroglyphs] oder [hieroglyphs] [hieroglyphs] dar, von dem im Texte die Rede ist: es ist eine Darstellung des Osiris.

Kap. 10.

Findet sich nur in *Aa*; es ist mit 48 identisch und unter diese Nummer gestellt worden.

Kap. 11.

Fehlt.

Kap. 12 und 13.

Finden sich beide nur einmal, in *Pa*. Kap. 13 geht voran und wir haben die Reihenfolge 56, 124, 13, 138, 123, 12. Diese Ordnung ist ziemlich die des hieratischen Papyrus in Paris, welcher Papyrus de Luynes heifst (DÉVÉRIA III, 46), nämlich 56, 13, 138, 123, ... 12. Diese Kapitel gehörten zuerst zu einer von dem des 1. Kapitels verschiedenen Reihe, da sie in *S* alle beide wiederholt werden: 12 ist 120 und 13, 121. Wieder ein Beweis dafür, dafs die Reihe 1 bis 16, wie sie sich in *S* findet, das Ergebnifs einer neuern Codification ist.

Kap. 14.

Dieses Kapitel findet sich zweimal in *Ca*, und die gewählte Base ist die auf dem Verso des Papyrus befindliche Wiederholung. Bemerkenswertherweise finden sich zwischen den Versionen derselben Urkunde so erhebliche Varianten, dafs sie nicht nach dem nämlichen Originale geschrieben zu sein scheinen.

Unter den fünf Kap. 14 bietenden Papyren sind zwei, *Ca* und *Pb*, in welchen Kap. 14 auf 42 folgt, und zwei, *Ca* und *Pc*, in welchen es vor 68 steht. In *Pc* folgt es auf 91 und in *Pb* geht es 61 vorher.

Die als Base angenommene Version steht zwischen 27 und 39. In *Pe* befindet Kap. 14 sich unter den Vignetten zu 1 zwischen 72 und 24.

In *Pb* folgt der Titel zu 14 unmittelbar auf die Nachschrift zu 42, so: ... [hieroglyphs] etc. Das [hieroglyph] in der Gruppe [hieroglyph] ist der letzte Buchstabe der Nachschrift und das [hieroglyph] des zweiten Wortes [hieroglyph], welches das erste des Titels ist, hat man ausgelassen.

Kap. 15 und 16.

So wie die Kapitel 15 und 16 in *S* redigiert sind, finden sie sich in den alten Papyrus nicht. In *S* besteht Kap. 15 aus zwei unterschiedlichen Theilen, der Anbetung des Ra „bei seinem Aufgang" (Z. 1—28) und der Anbetung des Ra „bei seinem Untergang" (Z. 28—49). Es läfst sich noch leicht erkennen, dafs man in jede dieser Unterabtheilungen mehrere Hymnen von verschiedener Herkunft und Abfassung eingerückt hat. Diesen Unterabtheilungen entsprechen die Vignetten des 16. Kapitels: die obere bezieht sich auf die aufgehende Sonne, ebenso die zweite, welche man auch als die Sonne in der Mitte ihrer Laufbahn erklären könnte, während die dritte die untergehende Sonne bezeichnet.

Derartige Hymnen finden sich in mehreren alten Papyren; nur scheint es für dieses Stück keinen canonischen Text gegeben zu haben, von dem man sich nicht hätte entfernen dürfen. Der Textschreiber konnte sich hier von seiner Einbildungskraft leiten lassen, und obgleich der Grundton dieser Stücke im allgemeinen wenig verschieden ist, so haben sie doch nicht Berührungspuncte genug, um als Varianten desselben Textes gelten zu können. Das erklärt, warum ich in dieser Ausgabe eine so grofse Anzahl aufnehmen mufste. Es giebt indessen in den alten Papyren einen Hymnus an die untergehende Sonne, welcher dem in *S* in Z. 28 ähnlich ist. Von diesem, den ich 15 B III genannt habe, lag ein recipierter Text vor und nach den verschiedenen Documenten, in denen er vorkommt, liefs sich eine vergleichende Tafel der Lesarten aufstellen.

Nach dem von Anfang an befolgten Grundsatze habe ich mit A den ersten Theil des Kapitels bezeichnet, welcher sich auf die aufgehende Sonne, und mit B den zweiten, welcher sich auf die untergehende Sonne bezieht. Die Zahlen I, II, III bedeuten die verschiedenen Versionen jedes dieser Theile.

In den vollständigen Texten folgt auf jeden Theil die darauf bezügliche Darstellung, d. h. das ihm betreffende Stück des 16. Kapitels; und da es sich um eine Anbetung handelt, so ist in einer Vignette jedesmal der Verstorbene mit seiner Frau in betender Stellung hinzugefügt.

Ein einziger Papyrus, Ba, enthält die beiden Theile von 15 an der entsprechenden Stelle, welche ihnen in S angewiesen ist, d. h. nach 1 und vor 17 (Taf. XVII und XVIII). Er führt uns zuerst die Anbetung des Ra bei seinem Aufgang vor, woran sich das Bild des Sonnenaufgangs schliefst. Leider ist der Papyrus an der Stelle schlecht erhalten, aber es ist kein Zweifel über den Sinn der Darstellung (Taf. XXI, Ba) zulässig: man sieht den Himmel, die beiden Arme, welche die Sonne umfangen, und das Zeichen des Ostens. Unmittelbar darauf kommt der Hymnus an die untergehende Sonne, wo die bildliche Darstellung zwar fehlt, aber dagewesen sein mufs, da sich sonst die Gestalten der beiden Anbetenden nicht erklären liefsen. Darauf geht man zu Kap. 17 über.

La würde ohne ein Versehen des Schreibers vollständig sein. Hier steht Kap. 15 gleichfalls vor 17, ganz am Anfange des Papyrus, und ersetzt die fehlende Anbetung des Osiris. Wir haben zunächst die beiden Anbetenden und den Hymnus an die aufgehende Sonne (Tafel XIV), dann die Darstellung des Gottes bei seinem Aufgange: den Berg, die beiden Arme, welche den Discus halten, und das Emblem, welches hier wie sonst dem Osten eigenthümlich ist (Taf. XXI, La). Darnach sollte man den Hymnus an die untergehende Sonne mit der zugehörigen Vignette erwarten; und den beabsichtigte man auch folgen zu lassen, da der Zeichner das Bild der untergehenden Sonne gemacht hat (Taf. XXII, La). Aber der Schreiber des Textes hat sich nicht darum gekümmert, sondern hat eine andere Version des Hymnus an die aufgehende Sonne copiert. Ich habe schon früher die große Ähnlichkeit zwischen *La* und *At* hervorgehoben. Hier haben wir denselben Irrthum: den Hymnus an die aufgehende Sonne gleichfalls neben der Darstellung der untergehenden, die noch besser gekennzeichnet ist als in *La*, da der Sperber als Emblem des Westens durchaus dem in *Da* (Taf. XXII) gleicht. Das Vorhandensein dieses Hymnus in *At* hat die Aufstellung einer kurzen Variantenübersicht ermöglicht, die jedoch wegen der schlechten Erhaltung dieses Papyrus nur bis zu Z. 10 fortgeführt werden konnte. Es ist unmöglich auf diese Weise die Hymnen von *Ba* und *La* zusammenzustellen, da sie zu verschieden sind, ohne Zweifel weil es für dieses Kapitel keinen canonischen Text gab.

Noch ein vierter Hymnus ist reproduciert worden, der von *Ag* (Taf. XVI), der gleichfalls mit einer bildlichen Darstellung versehen ist (Taf. XXI) und der sich ohne Frage mit dem ersten Hymnus von *La* berührt, ohne jedoch als ein Paralleltext angesehen werden zu können. Dies Stück findet sich ganz zu Anfang des Papyrus. Ein Hymnus an die untergehende Sonne folgt nicht, wird vielmehr durch ein Gebet an Osiris Onnophris ersetzt. Die Legende der Darstellung läßt über ihre Bedeutung keinen Zweifel. Auch hier treffen wir das 𓋹 als Emblem des Ostens.

15B, der Hymnus an die untergehende Sonne, findet sich in *Ba* unmittelbar hinter 15A, dem Hymnus an die aufgehende Sonne, ebenso wie in *S*. Die dazugehörige Vignette fehlt. Dafür findet sie sich in *Da*, welcher uns eine andere Version von 15B liefert; dieselbe steht zwischen 17 und 186, der Anbetung der Hathor, welche den Papyrus beschließt. Zu den Versionen 15B I und 15B II existiert kein Paralleltext.

Wir kommen jetzt zu dem Stücke, welches mit 15 sehr große Ähnlichkeit hat und an einer ganz andern Stelle der Papyri steht: es ist das als 15B III bezeichnete. Der Text erinnert an *S* 15, Z. 36—40 und sodann an die Anrufungen Z. 29—33. Der Titel ist fast genau das, was wir in *S* 148, Z. 2—5 lesen. Es ist wieder ein Beispiel der

Umgestaltung, welche das Todtenbuch in der Epoche der XXVI. Dynastie muſs erfahren haben. Für dieses Stück haben wir parallele Texte, doch sind dieselben nicht alle gleich vollständig.

Kap. 17.

Wie oben gesagt wurde, ist das 17. Kapitel eines der ältesten und wichtigsten Kapitel des Todtenbuchs. Es faſst am vollständigsten die Cosmogonie zusammen, so wie sie in Heliopolis gelehrt wurde. Es ist daher nicht auffallend, daſs es sich in einer groſsen Zahl von Manuscripten vorfindet. In dem als Basis angenommenen *Aa* sind einzelne Theile des Kapitels wiederholt oder kommen vielmehr vor dem ganzen Kapitel besonders vor, nämlich Z. 81 [hieroglyphs] .... bis Z. 94 [hieroglyphs] welche zwischen 117—118 und 20 eingeschoben sind. Ebenso in *Ab*, in dem in Liverpool befindlichen Theile des Papyrus, nur daſs dieses Bruchstück vor 18 steht, von welchem 20 nur eine verschiedene Redaction ist. Eine andere Wiederholung in *Aa* bilden die Z. 100—106, welche auf 13 folgen und vor 44 stehen. Das vollständige Kapitel findet sich weiterhin zwischen 153 und 18 gestellt. Es ist schwer diese Anordnung, welche nicht die der Mehrzahl der Texte ist, zu erklären.

Gewöhnlich folgt Kap. 17 auf 1 oder befindet sich doch in unmittelbarer Nähe, so in *Ap*, *An*, *Ag*, *Cb*, *Da*, *Ba* (wo es von 1 durch 15 getrennt ist), *La* und *Ia*. Manchmal steht es ganz zu Anfang der Papyri, wie in *Pc* und *Ta*. Das auf 17 folgende Kapitel ist fast regelmäſsig Kap. 18; anderesfalls existiert dieses Kapitel überhaupt nicht. Man kann behaupten, daſs 18 das gewöhnliche Complement zu 17 ist, da es von diesem durch keinen andern Text getrennt wird.

Der Titel von 17 besagt deutlich, daſs der Character des Stückes von dem in Kap. 1 beobachteten sehr verschieden ist. [hieroglyphs] „Anfang von" ist die gewöhnliche Einführung eines neuen Abschnittes in einem Buche. Hier finden wir zum ersten Male jenen Ausdruck, der in der neuern Redaction in den Titel von 1 übergegangen ist: [hieroglyphs]

[HIEROGLYPHS] oder [HIEROGLYPHS] „Anfang des Aussprechens der alten Erinnerungen" oder „der heiligen Formeln". Dieser bisher unrichtig verstandene Ausdruck bezieht sich keineswegs, wie man fast immer übersetzt hat, auf die Auferstehung des Verstorbenen. Das Verb [HIEROGLYPHS] findet hier nicht Anwendung auf eine materielle Handlung und soll nicht „wieder aufrichten" oder „wieder aufstellen" bedeuten, sondern heifst vielmehr „aussprechen" oder „hersagen"[1]). Was die Wörter [HIEROGLYPHS] und [HIEROGLYPHS] betrifft, so mufs man sie schwerlich blos als graphische Varianten ansehen, obschon sie sich auf denselben Gegenstand beziehen. Der Bericht von der Schöpfung, der mit dem aus dem Wasser hervorgehenden Tum anfängt und mit dem zum König gekrönten Ra fortfährt — alles das führt auf die Bedeutung „alte Erinnerungen" für [HIEROGLYPHS] und „heilige oder feierliche Formeln" für [HIEROGLYPHS]. Nicht Thoth stellt sich dem Osiris im Namen des Verstorbenen dar, um alle Obliegenheiten, die er in Busiris und in Abydos vollbracht hat oder vollbringen wird, vorzutragen. Es handelt sich nicht mehr um Worte, die am Tage der Bestattung gesprochen werden. Hier ist der Gegenstand unendlich weiter und philosophischer als im 1. Kapitel. Ich kann daher den Titel, welchen *Ag* dem Kap. 1 giebt und den er aufserdem allein hat, nicht als richtig betrachten: dieser zu Anfang mit dem von 17 gleichlautende Titel ist augenscheinlich für dieses letztere Kapitel bestimmt. Der von 1 lautet [HIEROGLYPHS] fast in allen Papyren; der ihm in *Ag* gegebene ist, wenn nicht ein Irrthum vorliegt, das erste uns begegnende Beispiel von dem Übergange des alten Textes in den der saïtischen Redaction.

Die Papyri *Pc* und *Pe* geben Kap. 17 etwas längere Titel als die andern, von denen sie auch in der Anordnung der Theile abweichen. Ich war genöthigt einen Satz dieser beiden Texte auf S. 29 zu bringen, wo sich ein leerer Raum fand, und auf S. 30 die Stelle anzugeben, wohin diese Worte gehören. Für einen Theil des 17. Kapitels habe ich aus-

---

[1]) Ägyptische Zeitschrift 1873 p. 27.

nahmsweise den Papyrus *Le* benutzt, dessen Text sehr incorrect ist. Die Varianten brechen Z. 40 mit dem Bemerken ab, dafs der Text Z. 51 fortfährt; aber hier habe ich die Lesarten nicht mehr eingeschrieben, weil der Text entschieden zu schlecht wird. In *Ay* konnte ich über Z. 48 nicht hinausgehen, da das Ende dieses Papyrus nur ein sinnloses Geschreibe ist.

Nur 7 Texte geben das Ende des Kapitels; sie gehören sicherlich zu den besten, welche wir besitzen, was bei der Bedeutsamkeit dieses Kapitels erklärlich ist. Treu dem Grundsatze, den ich mir eingangs gemacht habe, will ich mich jeder philologischen oder mythologischen Abschweifung über dies Kapitel enthalten. Wenige gewähren so viele und nützliche Varianten. Ein glücklicher Umstand ist es, dafs wir dieses Kapitel von Anfang bis zu Ende auf der Leinewand Thuthmes III besitzen, einem datierten und sorgfältig geschriebenen Documente, welches zur Vergleichung und Feststellung der Sprachformen der XVIII. Dynastie von gröfster Wichtigkeit ist. Es ist zu bedauern, dafs uns nicht ein gröfserer Theil von *Ah* erhalten ist.

Kap. 18 bis 20.

Kap. 18 folgt unmittelbar auf 17, dessen nothwendige und gewöhnliche Ergänzung es ist und von dem es durch keinen Titel getrennt wird. Die verschiedenen Kapitelsectionen sind in den alten Texten nicht wie in *S* geordnet, sie folgen sich in dieser Reihe: *a c e g i l d f h k*. Bemerkenswerth ist der allgemeine Gebrauch der einfachen Präposition [hieroglyph] statt der zusammengesetzten [hieroglyphs] in *S*. Die Vignetten sind selten und im allgemeinen ohne Wichtigkeit: es sind einfach Darstellungen der Gottheiten, auf welche angespielt wird. Eine einzige ist reproduciert worden, die des Papyrus Busca *Ik*. In diesem Texte, hinter Kap. 132 und vor 99, findet sich ein kleines Stück aus 18, welches als besonderes Kapitel mit diesem Titel eingestellt ist: [hieroglyphs] das

Buch von dem, was geschieht am Tage des Ackerns und in der Nacht des Ackerns in Tattu"; dann kommen die Namen der vier Genien der Amenthes und der Z. 26 reproducierte Text [hieroglyphs] etc. Das Kapitel enthält ein Stück des folgenden Absatzes und bricht plötzlich am Ende der 30. Zeile ab. Das ist die einzige Spur, welche ich von diesem Texte als selbständigem Kapitel mit besonderm Titel gefunden habe. Nirgends kommt der Titel vor, den 19 und 20 in *S* tragen. Kap. 19 findet sich in keinem der von mir verglichenen Papyri. Kap. 20 hat *Aa*, und zwar insofern die Z. 94—106 von Kap. 17 ein erstes Mal mit einem abgekürzten Kap. 18 reproduciert sind, welches in *S* die Nummer 20 trägt. Ich habe dieser verkürzten Fassung die No. 20 gegeben, obschon sie von dem Kap. 20 in *S* merklich abweicht; doch steht sie diesem näher als dem 19. Kapitel. Die Nachschrift und der Titel von 20 in *S* sind Zusätze neueren Datums.

Die Reihenfolge der Kapitel, so wie wir sie bis jetzt wiederhergestellt haben, umfaßt also: die Anbetung des Osiris, Kap. 1, 1B, 15, für welches letztere es keinen canonischen Text gab und dessen Fassung mehr oder weniger der Einbildungskraft des Schreibers überlassen blieb; endlich Kap. 17 und 18, oder 17 und 20, die eine Gruppe für sich bilden. Wie man sieht, ist das fast die Reihenfolge von *S*, in dem nur die kleinen Kapitel später hinzugefügt worden sind.

Über den Text, welcher auf 18 folgen sollte, kann ich nur eine Vermuthung aufstellen; aber ich glaube, daß die Reihenfolge in *Ba* die richtige ist; was folgen sollte, das ist die Reihe der Kapitel von den [hieroglyphs] „Verwandlungen", welche in den alten Texten mit Kap. 83, der Verwandlung in den Bennu, beginnt.

Kap. 21 und 22.

Wir kommen jetzt zu Kapiteln eines verschiedenen Characters, die nicht die Wichtigkeit des 17. Kapitels haben. Es handelt sich um die Wiederherstellung des Verstorbenen, dem man zuerst einen Mund geben mufs, damit er die Fähigkeit der Rede erlange. Die Gabe des Mundes bildet in S den Gegenstand zweier Kapitel, 21 und 22. Ich habe nur 22 wiedergefunden. Auch hier wird die Basis durch *Aa* geliefert, welcher in einer Vignette eine Ceremonie zur Darstellung bringt: der Priester ⟨hieroglyphs⟩ „der Wächter der Waage" berührt den Mund des Verstorbenen. Diese Ceremonie mufs als in der Amenthes vorgehend betrachtet werden. Derselbe Priester wird zum zweiten Male in Kap. 30 erwähnt, wo der Verstorbene sich an sein Herz wendet.

Mit wenigen Ausnahmen ist die Reihenfolge dieselbe wie in S; die Gruppe der Kapitel 22 bis 30 ist fast immer vereinigt.

Kap. 23.

Nach der Gabe des Mundes kommt die Ceremonie von der „Öffnung des Mundes", welche gleichfalls als in der Amenthes vollzogen zu denken ist. Dieses Kapitel hat sich in 5 Papyren gefunden.

Kap. 24.

Der Grundtext ist *Pe* entnommen. Von den vier benutzten Papyren hat keiner eine Vignette geliefert[1]).

Kap. 25.

Diesmal ist die Basis aus *Ca* genommen. Die Vignette in *Ae* zeigt uns den *Sem*-Priester, wie er dem Verstorbenen eine Statuette in Mumienform darreicht. Die Kapitel von 21 an bilden allerdings wohl eine Art Ritual und würden in gewissem Mafse den Titel rechtfertigen, welchen CHAMPOLLION und nach ihm DE ROUGÉ dem Todtenbuche gegeben haben. Indessen darf man nicht übersehen, dafs es sich hier nicht um wirkliche, auf Erden vorgenommene Ceremonieen handelt, sondern um eingebildete, welche dem Verstorbenen zu Ehren in dessen neuer Wohnstätte begangen werden. Es handelt sich um eine Nachahmung der irdi-

---

[1]) Vergl. Kap. 31 u. 32.

schen Gebräuche; aber der grofse Unterschied, welcher zwischen diesen Kapiteln und dem eigentlichen Ritual besteht, so wie wir es z. B. im Grabe Setis I. finden, ist der, dafs wir hier den Verstorbenen selbst sehen, so wie er sich in der Amenthes zeigt, während dort ausdrücklich gesagt wird, dafs die Ceremonieen vor der Statue des verstorbenen Königs beobachtet werden.

Kap. 26 bis 30.

Mit Kap. 26 gelangen wir zu der wichtigen Reihe der Kapitel vom Herzen, welche zu den von den Papyren am häufigsten überlieferten gehören. In S sind es 6 Kapitel. Sie haben sich alle wiedergefunden mit Ausnahme von 29, welches durch zwei inedite ersetzt wird.

Vier dieser Kapitel waren dazu bestimmt, auf steinerne Amulette geschrieben zu werden, deren jedes seine besondere Farbe hatte. Das lehrt *Ba*, welches diese vier Kapitel mit den folgenden Titeln versieht:

„Das Kapitel vom Herzen

aus Jaspis- oder -Serpentin-(?)[1] — grün — 30 B,

„aus Lapis lazuli- — blau — 26,

„aus Opal- — weifs — 27,

„aus Carneol-(?) — roth — 29 B.

Kein anderer Papyrus enthält diese Titel; die gewöhnlichen lauten ganz verschieden.

Kap. 26 heifst ⸻ N. ⸻ „Das Kapitel dem Verstorbenen ein Herz zu geben, wenn er in Cherneter ist".

Kap. 27. 28. 29 A haben den gleichen Titel: ⸻ N. ⸻ „Das Kapitel zu hindern, dafs man dem Verstorbenen sein Herz im Cherneter nimmt".

Kap. 29 B, welches sich nur in zwei Papyren findet, hat keinen andern Titel als den Namen des Minerals, aus dem das Amulet bestand.

---

[1] Ägyptische Zeitschrift 1880 p. 56.

Obgleich 29 A und 29 B erheblich von einander abweichen, so sind sie doch zusammen unter dieselbe Nummer gestellt, weil das letztere das einzige Kapitel vom Herzen ist, welches nicht weiter vorkommt, und weil man es in der Nachbarschaft der übrigen lassen muſs.

Kap. 30 ist das wichtigste von den Kapiteln vom Herzen. Es findet sich in zwei verschiedenen Versionen; die eine ist diejenige, welche in S No. 30 trägt; die andere, 30 B, ist die an Kap. 64 angehängte. Im allgemeinen kommen die beiden Versionen nicht in demselben Papyrus vor. Ich kenne davon nur zwei Beispiele, *Aa*, in welchen sie unmittelbar auf einander folgen, und zwar so, daſs 30 B voransteht und 30 A keinen besondern Titel hat, und *Pb*, in welchem 30 A auf 27 folgt, während 30 B nach 64 steht. Es ist zu bemerken, daſs 30 A in keinem der sechs verglichenen Texte eine Nachschrift hat. Darnach scheint es, daſs dies Kapitel nicht auf einen Scarabäus geschrieben werden sollte. Die begleitenden Vignetten haben nichts Characteristisches. Die eine, in *Lb*, zeigt uns die vier Götter mit dem Scepter *tom*, an welche sich der Verstorbene wendet.

Kap. 30 B findet sich in den Papyren häufiger als 30 A. Es wurde oben gesagt, daſs die Verschmelzung von 30 B und 64 neuern Datums ist. Es kann zwar vorkommen, daſs diese Kapitel sich neben einander finden; indeſs sind es unterschiedliche Kapitel, da man jedem einen besondern Ursprung zuschreibt. Das einzige Beispiel, welches wir davon haben, ist *Pb*, in welchem 30 B mit diesen Worten aus dem Schlusse der Nachschrift zu 64 eingeleitet wird: [hieroglyphs], was aber nicht hindert, daſs 30 B eine von 64 verschiedene Vignette hat. Der gewöhnliche Platz von 30 B ist in der Nähe der Psychostasie (*Ag*, *Pa*, *Pe*, *Ig*), da es als dazu gehörig betrachtet wird. In diesem Augenblicke ist der Verstorbene seines Herzens beraubt, da es auf der Waagschaale liegt; an dieses Herz, welches man in Begriff zu wägen ist, richten sich die Worte des Kapitels. Daſs 30 B zur Psychostasie gehört, geht auch daraus hervor, daſs es in *Aa*, *Ae* und *Pd* mit der Wägung des Herzens als Vignette versehen ist und daſs die Psychostasie in diesen Urkunden weiter nicht wiederholt wird. Der einzige Unterschied zwischen den Vignetten von 30 B und 125 besteht darin, dafs in 30 B die Gestalt des Verstorbenen selbst und nicht die der Göttin Ma in der Waagschaale dem Herzen gegenüber abgebildet ist.

Die Nachschrift des Papyrus von Parma gestattet die Abfassung dieses Kapitels auf die Regierung des Königs Mycerinus zurückzuführen; viel ausführlicher findet sich dieselbe in Pe und Ax hinter 148, wo sie reproducirt ist. Es ist wahrscheinlich, dafs sie dort 30 B vertritt, denn sie ist gleichsam als Text über die Psychostasie gesetzt.

Kap. 30 B hat drei verschiedene Titel, von denen der eine derselbe wie der zu 26 ist, der andere in dem Namen des Amuletminerals besteht und der dritte und häufigste mit dem von 30 A gleichlautet: [hieroglyphs] N. „das Kapitel zu verhindern, dafs sich das Herz des N. widersetze¹)".

Die Kapitel vom Herzen haben keine bestimmte Reihenfolge; sie sind in der Regel vereinigt oder nahe bei einander, häufig findet man zwei oder drei zusammen, seltener mehr: Ba hat 4, Pb 5, wenn man die beiden Versionen von 30 zählt; Ca hat 5, darunter zweimal Kap. 27. Ih hatte vermuthlich gleichfalls 5.

Kap. 31 und 32.

Hier beginnt eine Reihe von Kapiteln, bestimmt schädliche Einwirkungen verschiedener Art, welche Thiere ausüben oder darstellen können, zurückzuweisen. Die beiden ersten wenden sich an Krokodile, welche das [hieroglyphs] zu rauben kommen, nach Kap. 23 eines der Lebenselemente des Individuums. Kap. 31 ist häufiger als 32 und viel kürzer als in S; es bricht in der 4. Zeile ab. An dieser Stelle beginnt in S ein Stück, welches sich in Kap. 69, Z. 6 wiederfindet und,

---

¹) Das Verb der 2. Zeile ist nicht dasselbe wie im Titel, es hat die Bildung [hieroglyphs] oder [hieroglyphs], welches mir soviel zu bedeuten scheint wie „sich als Gegner, als Feind stellen".

so viel sich erkennen läfst, mit dem Anfange nichts zu thun hat. Es liegt hier ein Verfahren vor, welches man bei der saïtischen Codification angewandt hat: man hat ein Kapitel mit Hülfe eines andern ohne ersichtlichen Grund verlängert; vielleicht nur wegen des Umfanges der Vignette. Dafs es ein saïtischer Zusatz ist, folgt daraus, dafs wir es in den Papyren der XXI. Dynastie, Bulaq 22, Leyden III, nicht vorfinden, noch auch in Leyden IV, der vielleicht noch jünger ist.

Kap. 32 ist seltener; wir haben es nur in zwei Papyren, die beide in schlechtem Zustande sind. *La* ist so sehr beschädigt, dafs er unmöglich zu benutzen ist; nur sieht man noch, dafs die Vignette vier Krokodile hatte. Auch dies Kapitel war kürzer als in *S*, besonders weil jedes der Krokodile nur einmal statt zweimal angeredet wird; aus diesem Umstande darf man vielleicht auf zwei verschiedene Redactionen schliefsen.

Hinsichtlich der Stelle dieser Kapitel läfst sich nur über 31 etwas Bestimmtes angeben: es folgt auf die Kapitel vom Herzen. In *Ca* haben wir die Reihe 30A, 31, 33, 34, 35, 74; ebenso in *Pc*, dem jedoch 35 fehlt. Bei 32 stimmen die beiden Texte nicht überein: in *La* steht es hinter 146 und vor 39 und in *Ba* hinter 39 und 40 und vor 100.

Kap. 33 und 34.

Sind kleine Kapitel, die in der Regel zusammenstehen und die man manchmal auf Sarcophagen findet. *Pc* vereinigt sie sogar zu Einem Kapitel, denn die ersten Worte von 34 folgen auf 33, ohne dafs ein Titel dazwischen stände. Zu 33 habe ich die Vignette von *Le* aufgenommen; Kap. 34 hat keine, ebensowenig wie in *S*.

Kap. 35.

Noch ein Kapitel derselben Art, welches sich in dem Grundtexte zwischen 34 und 74 befindet, in *Ph* zwischen 64 und 149a und in *Ax* zwischen 30A und 124.

Kap. 36.

Ein seltenes Kapitel, welches ich nur zweimal gefunden habe, das eine Mal in *Le*. Ich habe dieses Document hier wegen der Varianten sowohl der Vignette als des Textes zugelassen. Nach *Ba* ist das abzuwehrende Thier [hieroglyphs] d. h. ein durch den Scarabäus determiniertes Insect. In *Le* sieht es wie ein Floh oder ein ähnliches Thier aus. Keine der beiden Versionen spricht von einer Schildkröte wie der Titel in *S*.

Kap. 37.

Ein kleines Kapitel, welches sich nur ein einziges Mal findet und wenig Bedeutung hat; der Zweck desselben, der Sieg über die [hieroglyphs] [hieroglyphs], ist auch der des folgenden Kapitels.

Kap. 38.

Hier haben wir zwei ziemlich verschiedene Versionen, von denen die eine wichtiger ist als die andere und die sich beide in dem Papyrus *Lb* finden. Die, welche wir A nennen, ist die längere und kommt in der Mehrzahl der Papyri vor; sie ist augenscheinlich auch die ältere. Hinsichtlich der Stelle dieses Kapitels besteht eine große Verschiedenheit unter den Papyren. *Pa* stellt es indessen zwischen 55 und 56, und das scheint sein eigentlicher Platz zu sein, denn es gehört zu der Kapitelgruppe, welche von „den Hauchen" [hieroglyphs] handeln. Ebenso verhält es sich mit 38B, welches *Lb* hinter 55 ohne einen andern Titel als [hieroglyphs] einstellt. Von dem letztern besitzen wir zwei Versionen, *Ap*, welcher den Text wegen der in voraus angefertigten Vignetten hat abkürzen müssen, und *Lb*. Es findet sich auch in *Le*, der aber wegen seiner äußersten Incorrectheit nicht benutzt werden konnte. Die Veranlassung zur Umstellung dieses Kapitels wurden wahrscheinlich die Worte [hieroglyphs], welche zum Titel hinzugefügt sind und es so mit Kapitel 37 in Beziehung bringen.

Kap. 39.

Findet sich in 5 Texten, von denen jedoch einer, *La*, wegen der schlechten Erhaltung des Papyrus an dieser Stelle nicht zu gebrauchen war. Dies Kapitel steht an sehr verschiedenen Stellen. Zwei Urkunden, *Ca* und *Pb*, haben es bei 65; zwei andere, *Ba* und *Lb*, stellen es vor oder nach 40. Es hat sich in *S* in gleicher Ausdehnung erhalten.

Kap. 40.

Dieses Kapitel ist nicht häufig; von den Vignetten ist nur die eine in *Le* erhalten, welche ich aufgenommen habe. In dem Grundtexte beginnt es mit einem Paragraphen, der sich weder in *S* noch auch in *Ba* findet, und das bekannte Kapitel fängt erst Zeile 7 an, wo es durch ⸺ eingeleitet wird. Die Stelle dieses Kapitels ist in *Lb* zwischen 38 B und 39 und in *Ba* zwischen 39 und 32.

Kap. 41.

Dieses Kapitel hat nur in *Pb* eine Vignette, es ist ein wenig umfangreicher als in *S*. In *Pb* und *Ca* geht es 42 vorher, was demnach wohl sein normaler Platz ist. Man wird bemerken, daſs die Zusammenstellung des Onnophris mit Tum, die in *S* zu Anfang oder in den ersten Zeilen vorliegt, sich in dem alten Texte nicht findet.

Kap. 42.

Ein wichtiges Kapitel, welches viele Urkunden gewähren. Es trägt denselben Titel wie das vorhergehende, nur daſs die Örtlichkeit, wo man die Verwundungen abwehrt, statt des Cherneter vielmehr ⸺ ist. Der Titel ist von dem in *S*, wo der geographische Name mangelt, sehr verschieden. Abgesehen von den Darstellungen der verschiedenen im Verlaufe des Kapitels erwähnten Gottheiten, hat es dreierlei Vignetten. In *Pb* sieht man den Verstorbenen vollständig nackt vor Osiris; in *Pd* hält er an einem Stricke etwas wie ein Rückgrad; in zwei andern Papyren endlich steht er vor einer Schlange. Als Grundtext haben wir *Ca* genommen, welcher das vollständige Kapitel enthält. Zu den Texten, welche die meisten Varianten darbieten, gehört der Papyrus Busca; doch muſs man die Beschaffenheit desselben berücksichtigen, die nur eine vorsichtige Benutzung gestattet. Die Hälfte der Texte, welche den Anfang des Kapitels geben, brechen nach der Beschreibung der Körpertheile ab und nur drei gelangen bis ans Ende. Die Stelle, welche 42 in der Reihenfolge der Kapitel einnimmt, ist keine feste. Zwei der besten Texte, *Ca* und *Pb*, stellen es zwischen 41 und 44. In *Pb* bildet die Nachschrift zu 42 mit dem Titel zu 44 eins, wie bei diesem Kapitel bemerkt worden ist.

Kap. 43.

Ein kleines Kapitel ohne Vignette, welches mit dem Kapitel vom Herzen 30A in Beziehung gebracht zu sein scheint, denn in *Ca* geht es diesem vorher und in *Lb* folgt es ihm. Dies ist das dritte Kapitel, wo in *S* neben dem Namen des Osiris der des Onnophris in einem Königsschilde steht. Diese Eigenthümlichkeit haben unsere Texte nicht, an den drei Stellen steht der Name Osiris allein und Onnophris erscheint nur ein einziges Mal in *Ik*, Kap. 42, Z. 7.

Kap. 44.

Als Grundtext ist der Papyrus Mallet genommen, der vollständiger ist als die übrigen, obwohl ihm zu Anfang etwas fehlt. Auch dies Kapitel ist ohne Vignette. Zwei andere Kapitel, von denen eines von erheblicher Länge ist, tragen denselben Titel; sie sind unter No. 175 und 176 gestellt.

Kap. 45 und 46.

Finden sich beide nur einmal, das erstere in *Ca* zwischen 74 und 93, das andere in *Aa* zwischen 23 und 100. Kap. 46 weicht von dem Texte in *S* bedeutet ab.

Kap. 47.

Steht zwischen 109 und 103 mit einem von S sehr verschiedenen Texte. Die Ähnlichkeit mit 103, welche in S noch merklicher als in unserm Texte ist, beweist, dafs dies Kapitel derselben Familie sind.

Kap. 48 und 49.

Diese Kapitel kommen in S ein erstes Mal unter 10 und 11 vor. Kap. 49 habe ich nicht wiedergefunden; 48 steht nur in Ja und zwar in der Nähe von 47, von dem es nur durch 103 und 76 getrennt ist. Aus diesem Grunde habe ich No. 48 beibehalten.

Kap. 50.

Findet sich in Ja in zwei sehr ähnlichen Redactionen, von denen die eine zwischen 5 und 96 und die andere zwischen 44 und 38 A steht. Der Text in Ja weicht von dem in S erheblich ab, dem sich dagegen Je mehr nähert. Das mag an dem verschiedenen Ursprunge dieser beiden Papyri liegen, wie wir oben bemerkten: der eine kommt aus Theben (Je) und der andere aus Memphis (Ja).

Kap. 51 und 52.

Fehlen.

Kap. 53.

Von diesem haben wir nur zwei Exemplare: in Lb steht es zwischen 38 A und 119, in Ph zwischen 63 und 125.

Kap. 54 bis 59.

Mit Kap. 54 kommen wir zu der Reihe der Kapitel von den „Hauchen", welche ▱ ⊤ ııı „den Hauch geben" oder ∫ ▱ ⊤ ııı „die Hauche athmen" betitelt sind. S hat 5 derartige Kapitel. Obschon 58 in den alten Papyren nicht vorkommt, so enthalten sie doch gleichfalls 5 Kapitel, weil auch 59 mit dem Zusatze 〈hieroglyphs〉 „das Wasser empfangen" dazu gehört. Es wurde schon gesagt, daſs nach mehreren Texten auch 38 B in diese Categorie einbegriffen wird. Nur in S existiert die Gruppe als solche; in den alten Texten sind diese Kapitel mehr oder weniger zerstreut. Was hier wie sonst die saïtischen Revisoren zur Zusammenstellung der Kapitel veranlaſst hat, das ist die Gleichheit oder die groſse Ähnlichkeit der Titel.

Kap. 54 kommt nur einmal vor, ziemlich am Anfange von *Pa* zwischen 180 und 55.

Kap. 55 findet sich in zwei Papyren: in *Lb* vor 38 B und hinter 117, in *Pa* zwischen 54 und 38 A.

Kap. 56 und 59 sind nur durch die ersten Worte verschieden und sind deshalb in den Varianten (p. 125) zusammengezogen worden. Ein starker Strich trennt 59 auch nur so weit, als der Text von 56 unterschieden ist. Kap. 56 ist viel häufiger als 59, da es in 5 Papyren vorkommt, von denen allerdings *Ai* wegen der Verstümmelung des Textes nicht zu benutzen war. In *Aa* findet es sich sogar zweimal, einmal zwischen 87 und 88. *Ai* bringt es auch mit 88 in Berührung, während zwei andere Texte, *Pb* und *Ax*, es hinter 62 stellen. Kap. 59 kommt nur in *Ba* zwischen 117 und 137 A vor.

Kap. 57 existiert dreimal. In *Pb*, welcher als Grundtext dient, hat es keinen besondern Titel und folgt auf 56 mit dem einleitenden 〈hieroglyphs〉 N. In *Ap* steht es zwischen dem unvollendeten 17. Kapitel und 92. Auch *Ae* hatte es mit einer zweiten, durch die Worte 〈hieroglyphs〉 angeknüpften Redaction. Es ist zu bedauern, daſs uns dies Stück nur in schlechtem Zustande erhalten ist; denn es enthielt Angaben über die von mir sogenannte mythologische Geographie, z. B. in dem Satze 〈hieroglyphs〉 „(Ich gehe auf) in Tat (dem Osten) und ich gehe unter in On, welches meine Wohnung ist". Das stimmt durchaus zu der Bedeutung, welche oben diesen beiden Örtlichkeiten beigelegt worden ist.

Kap. 58 hat sich nicht gefunden.

Kap. 60 bis 63.

Nach den Kapiteln von den Hauchen kommen die „vom Wassertrinken". Dieselben weichen in den Titeln und in ihrem Umfange erheblich von einander ab. Der auf Taf. LXXII reproducierte Text vereinigt unter dem gemeinsamen Titel „das Kapitel vom Trinken im Cherneter" 61, 60 und 62, die sonst getrennt sind.

Fünf Papyri gewähren 60 und 61 oder eines dieser beiden Kapitel. Zwei Papyri, Pb und Pg, haben beide; 61 und 60 sind daselbst zu Einem unter demselben Titel vereinigt, sogar ohne ein trennendes [hieroglyphs], so dafs 61 den ersten Satz des zusammengezogenen Kapitels bildet. Pf hat nur 60 mit demselben Titel wie 63A; und endlich haben Pd und Ph nur 61, jedoch unter einem durchaus verschiedenen Titel [hieroglyphs], „Das Kapitel zu verhindern, dafs der Geist jemandem genommen werde". Die Vignette in Pd entspricht diesem Inhalte.

Kap. 62 hat in den drei Texten, welche es aufser Pb darbieten, denselben Titel wie 61.

Die gröfste Verschiedenheit herrscht in Bezug auf die Stelle, welche diese Kapitel einnehmen. Nur Pf und Pg stimmen darin überein, dafs sie dieselben vor 106 stellen.

Das Kapitel, welches in S 63 ist, wird in zwei Theile zerlegt, deren jeder einen besondern Titel hat. Der erstere, 63A, reicht bis zu [hieroglyph] der 3. Zeile in S und trägt den gleichen Titel. Der andere, 63B, fängt an dieser Stelle an und ist betitelt [hieroglyphs] „Das Kapitel nicht zu kochen im Wasser". Obwohl diese beiden Kapitel ziemlich häufig sind, so hat sie doch kein Papyrus beide: die Vereinigung zu einem einzigen ist nicht alt, da der Papyrus der Königin Netemt nur 63A aufweist. In vier Papyren (Pd, Ca, Pc, Pg) steht 63A vor 105. Das scheint demnach sein bestimmter Platz zu sein. Von diesen selben Papyren stellen es drei hinter 92 und nur einer hinter 85. Man wird die verschiedene Lesart in dem Titel von Pd und Ca bemerken.

Die Stelle von 63 B ist in allen Papyren, wo es sich findet, eine andere.

Kap. 64.

Ist eines der wichtigsten Kapitel des Todtenbuches, dem Mr. GUIEYSSE eine schöne Studie gewidmet hat¹). Es ist ohne Zweifel sehr alt, da es sich schon auf dem Sarge der Königin Mentuhotep in zwei verschiedenen Redactionen findet. Das Kapitel trägt den allgemeinen Titel des Buches: [hieroglyphs] „Das Kapitel vom Ausgange aus dem Tage im Cherneter". Die Kenntnifs dieses einen Kapitels scheint genügt zu haben um derselben Vortheile theilhaftig zu werden, welche das ganze Buch verleiht, wenn man nämlich nach dieser Variante des Titels urtheilen darf: [hieroglyphs] „Das Kapitel die Kapitel vom Ausgang aus dem Tage in Einem Kapitel zu kennen". Es ist also eine Zusammenfassung des ganzen Buches, oder hat, wenn es nicht die ganze Lehre enthält, wenigstens einen Werth, der dem Ganzen gleichkommt.

Ebenso wie unter der XI. Dynastie giebt es in der thebaischen Epoche zwei Redactionen dieses Kapitels, von denen die eine viel kürzer als die andere ist. Der Papyrus Aa enthält sie beide; der Unterschied besteht hauptsächlich darin, dafs die kürzere Redaction (Aa bis) einzelne Sätze der andern ausläfst. Nur gegen das Ende werden die Abweichungen entschiedener; ich habe deshalb auch die Varianten jeder Version nicht gesondert verzeichnen zu sollen geglaubt, sondern habe sie in derselben Übersicht vereinigt. Wir besitzen nur fünf Exemplare des Kapitels, nämlich Aa, Pb, Ie und dann Ca und Aa bis; eins davon (Ie) ist sehr verstümmelt.

Wie oben gesagt wurde, ist die Verschmelzung der Kap. 64 und 30 B ein einziges neuen Datums; nur in einem Exemplare stehen sie bei einander, in Pb, welcher nach 64 Kap. 30 B mit diesen Worten ein-

---

¹) Rituel funéraire égyptien, chapitre 64, par PAUL GUIEYSSE, Paris 1876.

leitet: [hieroglyphs] !, ihm aber gleichwohl eine besondere Vignette läfst. Eine der Versionen auf dem Sarge der Mentuhotep besagt, dafs dieses Kapitel unter der Regierung des Usaphaïs von einem Maurer aufgefunden worden sei. Diese Überlieferung, welche nach der sehr richtigen Bemerkung Mr. GUIEYSSE's[1]) weniger als die andere historische Nachschrift den Character einer nachträglich erfundenen Erzählung trägt, hat sich bis in die saïtische Revision erhalten. Wir finden dieses Königsschild in *Ca* und später in den Papyren der XXI. Dynastie wieder, in dem der Königin Net'emt, Leyden III, Berlin IX. Von den fünf Texten dieser Ausgabe enthält es nur *Ca* in einer der kürzern von *Aa* (genannt *Aa bis*) sehr ähnlichen Version. Ohne Frage ist dies Kapitel eines der ältesten; auch seine Varianten von einem Texte zum andern sind sehr bedeutend.

Die Stelle, welche 64 in den Papyren einnimmt, ist keine fest bestimmte. In *Aa* geht die kürzere Version *Aa bis* der längern voraus und ist nur durch 106 und 137A davon getrennt. In *Ca* läuft der Text, entgegen der in den andern Kapiteln befolgten Richtung, von rechts nach links und hat, was in diesem Papyrus sehr selten ist, eine Vignette. *Pe* enthält den Titel und die Vignette zu 64: der Verstorbene und die aufgehende Sonne werden über der Todtenkammer dargestellt, welche zu den Vignetten des 1. Kapitels gehört[2]). Aber man darf darin nicht mit CHABAS[3]) ein einziges Bild erblicken: es sind Gegenstände, welche zu zwei verschiedenen Kapiteln gehören, 1 und 64.

Kap. 65.

In *S* fängt 65 mit einem verschiedenen Titel ebenso wie 2 an. In dieser Form ist es in den alten Papyren nicht vorhanden. Dafür haben sie ein längeres Kapitel, welches denselben Titel trägt und aus

---

[1]) Rituel etc. p. 11.
[2]) Papyrus de Nebqed, pl. III.
[3]) Notice sur le *pire em hrou* p. 47 (Congrès des Oriental. de Paris, vol. II).

diesem Grunde als 65. gezählt worden ist. Ich habe es in fünf der besten Texte dieser Ausgabe gefunden: *Ca*, welcher als Basis dient, *Aa*, *Pb*, *Ta* und *Ia*. Es ist ein Stück, dessen Interpretation grofse Schwierigkeiten bietet: es enthält Anspielungen, deren Beziehung kaum verständlich ist, und aufserdem wenig gebräuchliche grammatische Formen. Die einzige Vignette, welche wir finden, ist die Darstellung des Verstorbenen in Anbetung vor Ra, der als Gott mit Sperberkopf und Sonnendiscus dasitzt.

Die Stelle dieses Kapitels wechselt sehr nach den einzelnen Urkunden. In zweien, *Pb* und *Ca*, steht es neben 39 und in zweien, *Aa* und *Ta*, in der Nähe von 133 und 134.

Kap. 66.

Ein kleines Kapitel ohne Vignetten, welches sich nur einmal gefunden hat, in *Pf*, und zwar zwischen 2 und 75.

Kap. 67.

Hat einen von *S* abweichenden Titel, mit Ausnahme von *Ie*, und ist ausführlicher als in *S*. Einmal, in *Pb*, folgt es auf 92, zu dem es in einer gewissen Beziehung steht.

Kap. 68 bis 70.

Diese drei Kapitel scheinen ursprünglich eins gebildet zu haben, denn sie werden blos durch die Worte getrennt; und nur 68 hat eine Vignette. Aufserdem haben die Papyri entweder die drei Kapitel in einer Folge oder sie haben nur 68; 69 und 70 wird man einzeln nicht finden. Die Vignetten sind von der in *S* sehr verschieden. Die in *Pb* stellt den Z. 9—10 beschriebenen Zustand dar: „Ich sitze unter den Zweigen der Bäume in der Nähe der Hathor in der Abendstunde¹)².

Drei Papyri enthalten die vollständige Gruppe, *Ca*, *Pb* und *Ia*, und sechs liefern nur Kap. 68, nämlich *Ba*, *Pd*, *Pc*, *Pk*, *Cb* und *Cd*. Von diesen acht Texten stellen vier Kap. 68 oder seine Gruppe vor 92 oder ein Kapitel davon entfernt. In zweien, *Ca* und *Pc*, geht ihm 14 vorher, in dreien, *Pd*, *Pk* und *Cd*, Kap. 1. *Ba* hat ein einziges Kapitel mit dem Titel [hieroglyphs], welches zunächst aus dreien, 103, dann ohne Übergang 68 bis zur 6. Zeile und endlich wieder ohne Übergang 117, zusammengesetzt ist.

Kap. 70 Z. 3 wird man in dem Texte von *Pc* eine Umstellung bemerken. Ich habe weiterhin durch Parenthesen den Text kennzeichnen müssen, der in *Pc* da steht, wo sich die beiden geschlossenen Klammern befinden.

Kap. 71.

Der Text ist viel kürzer als in *S* und nach den Papyren verschieden. Wir haben fünf Exemplare des Kapitels, *Aa*, *Ac*, *Ae*, *Pb* und *Pc*. Von *Ae* sind nur einige kleine Bruchstücke übrig und das Kapitel schlofs mit Z. 5. In *Ac* bildete es wahrscheinlich den Anfang des Papyrus; wir haben noch die letzten Worte des Titels, der ein allgemeiner gewesen zu sein scheint. Die Vignetten sind zweierlei; der Verstorbene wird entweder vor der Kuh *Mehurt* oder vor dem Sperber, welchen er Z. 1 anruft, dargestellt. Was die Stelle des Kapitels anbetrifft, so haben es zwei Papyri, *Aa* und *Ac*, unmittelbar vor 106. *Pc* versieht es mit einer in *S* nicht befindlichen Nachschrift.

---

¹) Wörtlich: „Zur Zeit des breiten Discus", womit das Aussehen der Sonnenscheibe vor ihrem Untergange bezeichnet wird. Die Auffassung wird durch die Variante [hieroglyphs] eig. „der alte Discus" bestätigt.

Kap. 72.

Eines der häufigsten Kapitel, sowohl in den Papyren als auf den Särgen, welches dem Schlusse von 99 sehr ähnlich ist. Die Vignetten sind sowohl unter sich als von S verschieden. Die drei Gottheiten von *Pb* und *Ba* sind ohne Zweifel die Götter, welche der Verstorbene Z. 2 anruft. Was den zweiten Theil der Vignette in *Ba* angeht, so ist es die von 73 oder 9, welche ursprünglich, als man die Vignetten angefertigt hat, auf 72 folgen sollte, in Wirklichkeit aber nicht nur 73 vorangeht, sondern davon noch durch 148 getrennt ist. Die Nachschrift dieses Kapitels steht in *S* hinter Kap. 1. Ebenso verhält es sich mit *Aa* und *La*, welche 72 nicht enthalten; aber da in der Mehrzahl der Fälle Kapitel 1 ohne Nachschrift ist, so ist sie 72 zugetheilt und unter diesem sind alle Varianten vereinigt. Diese Nachschrift ist der von 99 sehr nahe verwandt und es ist anziehend, beide Stücke mit einander zu vergleichen. Ein einziger Papyrus, *Pc*, hat die Nachschrift ohne Kap. 72; sie steht vor 132 und hinter 79, worauf sie sich nicht zu beziehen scheint, da kein anderer Papyrus, selbst nicht *S*, diesem Kapitel eine Nachschrift geben. Kap. 72 hat keinen bestimmten Platz; einmal, in *Aa*, steht es vor 99 und einmal, in *Pb*, folgt es ganz dicht auf 73 oder 9.

Kap. 73 siehe 9.

Kap. 74.

Ein kleines Kapitel, welches zwei Papyri, *Ca* und *Pc*, neben 34 und 35 stellen. Die Vignette in *Pc* ist die nämliche, wie die von *Aa* zum 72. Kapitel — der Verstorbene mit dem Stabe in der Hand schreitend und in der Rechten den Knoten der Initiation haltend.

Kap. 75.

Dieses Kapitel findet sich in drei Pariser Papyren, *Pb*, *Pf* und *Pi*. Die beiden erstern stellen es unmittelbar vor 94, der dritte hinter 94, indem er es nur durch 26 davon trennt. Dies ist eines jener Kapitel, in dem die geographischen Namen im mythologischen Sinne und keineswegs nach den Verhältnissen der irdischen Geographie zu verstehen sind.

Kap. 76.

Dieses Kapitel steht in *S* als Einleitung zur folgenden Gruppe der [hieroglyphs]: aber in den alten Papyren ist das durchaus nicht der Fall. Es ist übrigens ein sehr seltenes Kapitel, von dem wir nur zwei Exemplare haben, eines in *Aa*, wo es zwischen 103 und 48 und sehr weit von den [hieroglyphs] steht, und ein anderes in *Ae* auf einem Fragmente vor 2 und 3.

Kap. 77 bis 88.

Wir kommen zu einer abgeschlossenen Gruppe, der der elf Kapitel über „die Verwandlungen". Sie sind alle durch den Titel kenntlich: [hieroglyphs] oder [hieroglyphs] oder endlich [hieroglyphs] etc. Ich habe gesagt, dafs es elf gebe. Man weifs in der That nicht, warum 79 durch die saïtische Redaction in diese Sammlung eingeschoben ist. In den alten Texten trägt dasselbe nicht nur einen ganz andern Titel, sondern findet sich auch keineswegs in der Nähe der andern.

Im Papyrus *Ad* wird diese Gruppe nur durch ein einziges Kapitel vertreten, welches zwischen den Elysischen Gefilden und 136 steht und zunächst ein zwölftes zu sein scheint. Es trägt den Titel [hieroglyphs] „sich in die Gans *smen* zu verwandeln". Aber wenn man den Text näher betrachtet, so sieht man, dafs es der von 95 ist, welcher in andern Papyren unter einem ganz verschiedenen Titel erscheint [hieroglyphs] „Das Kapitel bei Thoth zu sein". Die Annahme, dafs es zu der Gruppe der elf Kapitel gehörte, ist daher unbegründet.

Dafs sie eine bestimmte Gruppe bildeten, geht aus einem besondern Titel hervor, den sie in *Ba* haben und den ich ganz hersetze:

[hieroglyphs] „Der Anfang von den Verwandlungen
..... Osiris, gesundes und starkes Leben, damit lebe seine Seele und
sich erneuere sein Körper für immer und ewig". Die diese Gruppe bil-
denden Kapitel sind nicht immer vereinigt, sie können durch andere getrennt sein und manchmal selbst in ziemlich großen Entfernungen zerstreut sein; indeß gewöhnlich folgen sie sich oder stehen doch nahe bei
einander; es sind sogar die einzigen Kapitel, für welche man eine nahezu
feste Reihenfolge herstellen kann. Diese Gruppe sollte ziemlich am Anfange der Papyri stehen, häufig finden sie sich dort, bei 17 und 148.
Kein alter Papyrus hat alle elf Kapitel; der früheste, welcher die vollständige Reihe enthält, ist ein Papyrus der XXI. Dynastie, Leyden III.
Die alten gewähren nur 9. Nach der folgenden, die Reihenfolge aller
Kapitel nach den hauptsächlichsten Papyren angebenden Übersicht kann
man leicht die richtige Ordnung herstellen und jedem seinen Platz anweisen,
mit Ausnahme eines, welches seltener ist als die andern, 80 [hieroglyphs]
[hieroglyphs] „die Gestalt des Gottes anzunehmen,
welcher die Nacht erleuchtet", d. h. sich in den *Mond* zu verwandeln. Dieses Kapitel findet sich in *Ta*, welcher weiter keins hat, in *Ae*, in *Ie*
(dem zweiten Theile von *Ab*), welcher aus zerstreuten und wohl kaum zu
ordnenden Fragmenten besteht. Nur *Pa* bringt es in eine Reihenfolge,
welche nicht die der übrigen Papyri ist. In dieser Ungewißheit stelle
ich es an den Anfang der Reihe, von der es vielleicht durch andere
Texte getrennt war.

In den wichtigsten Papyren sind die Kapitel folgendermaßen angeordnet:

Aa 83, 84, 85, 77, 86, 81, ... 87, ... 88.
Ab 83, 84, 85, 82, 77, 86.   *Ie* 80, 87.
Ac 83, 84, 85, 82, 77, 86.
Ba 83, 84, 77, 78, 81, 86, 87.
Ca 83, 84, 85, ... 82, 77, 86.
La 83, 84, 85, 82, 77, 86, ... 88, 87, 81.

Pa 80, 82, 85, ... 77, 86, 78.
Pb 78, 77, 83, 84, 85, 82, 86, 87, 88.
Pc 83, 84, 85, ... 86, 87, 81.
Pf 86, ... 81, ... 83, 85, 77.
Pe 83, 84, 85, 82, 77, 86, 87, 88, 81.
Pj 83, 84, 85, 77, 86, 87, 81.

Wie man sieht, beginnt die große Mehrzahl mit 83, 84 und 85, welche nicht getrennt werden. Keiner beginnt wie *S* mit 77. Wenn man die seltener vorkommenden an ihrem Platze einreiht, so ergiebt sich als die wirkliche Reihenfolge der Verwandlungen die folgende:

80, ... 83, 84, 85, 82, 77, 78, 86, 87, 88, 81.

Kap. 77 ist eines der häufigsten, wir haben 16 Versionen davon; der Text weicht jedoch wenig von *S* ab. *Ba bis*, welches darunter steht, ist aus der Herstellung des am Ende in verkehrter Richtung copierten Textes gewonnen.

Kap. 78 ist ein viel längeres und vielleicht deshalb selteneres Kapitel. Von sieben Exemplaren, die wir davon besitzen, sind nur zwei bis zu Ende geführt. Von Z. 14 bis 16 ist der Text in *Pg* und *Ij* länger; auch ist der Text an dieser Stelle auf zwei Columnen vertheilt. Es kommen zwei mit 𓂋𓏤 beginnende Sätze vor statt des einen, welchen die Basis hat; von diesen beiden Sätzen hat der wie der Grundtext anfangende einen verschiedenen Schluß und vice versa.

Kap. 80 ist oben besprochen worden.

Kap. 81 hat zwei verschiedene Versionen. Die eine, 81A, ist die gewöhnliche, die andere, 81B, dem Papyrus *Le* eigenthümlich, mit dem ich auch hier eine Ausnahme gemacht habe. Dieses Kapitel ist weniger incorrect als es die Urkunde im allgemeinen ist. Nicht der Verstorbene selbst, sondern seine Frau wird diesmal genannt.

Kap. 82 hat in *Ae* einen Zusatz.

Kap. 83 hat nur in *Pa* eine in *S* nicht vorhandene Nachschrift.

Kap. 84 ist dagegen in den alten Texten ohne die in *S* befindliche Nachschrift. *Pb*, *Pj*, und *Ba* fangen erst mit der dritten Zeile an.

Ebenso verhielt es sich mit *Aa*, der jedoch wegen der Schadhaftigkeit des Papyrus nicht benutzt werden konnte.

Kap. 85 hat fast ebenso häufig die Vignette des Widders als die des Vogels mit Menschenkopf. Am seltensten ist die von *Pc*, welche den mumificierten Körper zeigt. *Cc* hat sie in Kap. 89 fast gleich.

Kap. 86 ist in vier Papyren mit einer Nachschrift von ungleicher Länge versehen; die in *Pa* ist der in *S* ähnlich.

Kap. 88. Im Titel wird das Krokodil gewöhnlich [hieroglyphs] und manchmal [hieroglyphs] genannt. Diese Variante findet sich in dem Papyrus *Ar*, den ich nicht benutzt habe.

Wie man hat ersehen können, umfafst die Gruppe der [hieroglyphs] die Kapitel, welche vielleicht die häufigsten des Todtenbuchs sind. Obwohl sich keins auf dem Sarge der Königin Mentuhotep findet, so ist doch schwerlich anzunehmen, dafs nicht wenigstens einige sehr alt sind und auf den Ursprung des Buches zurückgehen. Sicher ist, dafs die Verstorbenen viel darauf hielten die Abschrift zu besitzen; vielleicht galt sie ihnen als Gewähr, dafs sie des in den Nachschriften so oft erwähnten Vorrechts theilhaftig würden, alle Formen welche sie wollten anzunehmen; und unter vielen wählten sie gern diese elf aus, welche die von Gottheiten, Pflanzen und heiligen Thieren waren.

Kap. 79.

Gehört nicht zu der Gruppe der Verwandlungen: es unterscheidet sich von ihnen durch den Titel und wird nirgends in die eben besprochene Reihe eingestellt. In *Pa* ist es umfangreicher und mit einem ganzen Anhange versehen. Die Stelle, welche es einnimmt, ist in allen Papyren verschieden; indessen möchte es scheinen, dafs es gegen das Ende hin gehört. In *Pa* folgt es auf 150 und beendigt den Papyrus.

Kap. 89.

Ist viel kürzer als in *S*; es bricht vor der Anrufung in Z. 4 ab. Dieselbe fehlt in dem Papyrus der XXI. Dynastie, Leyden III; indefs habe ich es in einem Londoner Papyrus der [hieroglyphs] gefunden, welcher vermuthlich aus derselben Zeit ist. Von den vier benutzten Papyren stellen drei Kap. 89 hinter 92 und einer, *Pd,* davor. In der That ist in 92 von der geflügelten Seele die Rede, die aus ihrem Grabmale hervorgeht; also nimmt man wahrscheinlich an, daſs sie sich darnach mit der Mumie vereinigt. Kap. 89 und 92 müssen zusammen studiert werden.

Kap. 90.

Ich habe es nur ein einziges Mal, in dem Papyrus von Marseille, gefunden, wo es vor 155 steht. Die Vignette ist durchaus verschieden von der in *S.*

Kap. 91.

Dieses kleine Kapitel wurde nicht für unbedeutend gehalten, da es allein in *Ca* dreimal vorkommt; und selbst diese Wiederholungen sind nicht nach demselben Original gemacht worden, da das Wort *ba* in der einen [hieroglyphs], in der andern [hieroglyphs] und in der dritten [hieroglyphs] geschrieben wird. In demselben Papyrus findet es sich einmal zwischen 93 und 41, ein anderes Mal hinter 64 am Ende des Recto und vor 82, welches das erste Kapitel auf dem Verso ist; und ein drittes Mal zwischen 114 und 136. Keine der drei andern Urkunden hat ihm eine dieser Stellen gegeben; sie weichen darin unter sich alle ab.

Kap. 92.

Ein häufiges Kapitel, von dem wir zehn Exemplare besitzen; keins enthält die Nachschrift von *S.* Von den Beziehungen dieses Kapitels zu 8 ist schon gesprochen worden. Unter den Papyren, welche 89 nicht enthalten, stellen zwei, *Pb* und *Ca,* 92 hinter die Gruppe 68—70 und zwei andere, *Ca* und *Pg,* vor 63A.

Kap. 93.

Ein nicht sehr seltenes Kapitel, welches durch die seltsame Vignette in *Pb* bemerkenswerth ist. Es ist nach vier Papyren wiedergegeben, *Ae*, *Pb*, *Ca* und *Ba*. Nur *Pb* stellt es in die Nähe von 94, von dem es durch 75 geschieden ist.

Kap. 94.

Dieses ist das erste der drei Kapitel, in denen besonders von Thoth die Rede ist. Es ist das Kapitel „zu verlangen das Tintefafs und die Schreibtafel". Dies ist einer der seltenen Fälle, wo der Grundtext *Ae* entnommen wurde. Das Kapitel findet sich in vier andern Exemplaren, von denen es zwei, *Pb* und *Pf*, hinter 75 stellen, d. h. hinter die Ankunft in On. In der That wird hier einer der Priester dieses Ortes angeredet. *Pi* stellt es etwas vor 75, d. h. trennt es davon durch 26.

Kap. 95.

Mit Ausnahme von *Pb*, wo 95 unmittelbar auf 94 folgt, ist dieses Kapitel im allgemeinen vom vorhergehenden sehr entfernt. Zwei Papyri, *Ca* und *Pe*, stellen es hinter 105, dem es nahe verwandt zu sein scheint. *Ad* giebt 95 zwischen 110 und 136 unter einem ganz andern Titel „die Form der Gans *smen* anzunehmen", und versieht diesen Titel mit einer Vignette, deren Farben im Original sehr glänzend sind. Die wichtigste Variante ist der Name des Gottes *Num* Z. 2. Sonst ist der Text von *Ad* allen übrigen ähnlich. Es ist wahrscheinlich, dafs Titel und Text nicht zusammengehören. Vignette und Titel waren für einen von dem copierten verschiedenen Text vorbereitet, der verloren gegangen ist. Dieses Kapitel ist von BIRCH veröffentlicht worden[1]).

---

[1]) Ägyptische Zeitschrift 1869 p. 25.

Kap. 96 und 97.

Hier haben wir es wieder, wie bei der Gruppe 68—70, mit einem einzigen Kapitel zu thun. Es findet sich nur in zwei Papyren, von denen *Aa* es zweimal und jedesmal mit anderm Titel und anderer Vignette einfügt. Einmal, wo es zwischen 115 und 117 steht, ist es ebenso wie in *S* betitelt und hat eine dem Texte entsprechende Vignette. Dieses Exemplar ist reproduciert worden. Ein zweites Mal (*Aa bis*) ist es zwischen 104 und 173 eingerückt und heifst [hieroglyphs] mit einer Darstellung des Ra in seiner Barke. Dieser letztere Titel sollte der von 115 sein; wirklich ähnelt er dem von 116 in *S* am meisten, aber wir werden weiter unten sehen, dafs dieser Titel im Turiner Todtenbuche fehlerhaft ist und dafs statt [hieroglyph] vielmehr [hieroglyph] zu lesen ist. Auch in *Aa bis* mufs ein Fehler des Abschreibers vorliegen, denn dies Kapitel hat keineswegs die Form jener, welche von der Kenntnifs der Geister dieser oder jener Örtlichkeit handeln; dieselben machen die Geister oder die Gottheiten namhaft, was hier nicht der Fall ist. Aufser in *Aa* kommt dieses Kapitel nur in *Ai* zwischen 5 und 117 vor. Der Titel ist zerstört; aber es geht wie in der normalen Version in *Aa* 117 vorher.

Kap. 98.

Dieses Kapitel, welches in *S* 7 Zeilen hat und mit einer Vignette versehen ist, hat sich nur in *Ab* wiedergefunden, noch dazu in sehr verstümmeltem Zustande. Es steht zwischen 86 und 99.

Kap. 99.

Eines der fundamentalen Kapitel des Todtenbuchs, welches ebenso häufig wie 17 und fast so häufig wie 125 vorkommt. Ich habe es in den zu dieser Ausgabe benutzten Papyren zwanzig Mal gefunden, einige Male allerdings nur in einem kleinen Fragmente, das sich nicht benutzen liefs, aber doch genügte um das Vorhandensein des Kapitels zu bezeugen.

Man kann sich die Wichtigkeit dieses Kapitels erklären, wenn man sich die unter den Ägyptern verbreitetste Idee von den Gottheiten vergegenwärtigt. Sie stellen sich die Götter und besonders den Sonnengott in seiner Barke einherschiffend vor. Die langen Darstellungen, welche die Königsgräber schmücken, enthalten zunächst die Beschreibung der Phasen, welche die Fahrt der heiligen Barke durchläuft. Wenn nun der Verstorbene dem Ra gleichgestellt wird, so muſs er natürlich eine der des Gottes analoge Existenz haben. Deshalb ist das Kapitel von der Barkenfahrt eines der Lieblingskapitel. Hier wie in der Schluſsrede zu 125 ist die unerläſsliche Bedingung zum Eintritt in diese Barke die Kenntniſs des Namens der verschiedenen Theile, aus denen sie besteht und deren jeder einen mystischen Namen hat. Darnach kommt eine dem 72. Kapitel ganz ähnliche Anrufung, die sich an nicht sichtbare Gottheiten wendet, vielleicht an die Wesen, welche die Fahrt der Barke erleichtern sollen. Darauf folgt eine lange Nachschrift um alle Vortheile zusammenzufassen, welche der Verstorbene in seinem Aufenthalte in der andern Welt erlangen kann. Kap. 99 bildete ein Ganzes für sich, es ist eins der vollständigen, in sich abgeschlossenen Bücher, deren es im Todtenbuche mehrere giebt.

Pb schickt diesem Kapitel ein langes Stück voraus, welches ich Einleitung genannt habe und in welchem mit Hülfe der Pronomina interrogativa 𓇋𓆑𓂓 und 𓅓 Fragen an den Verstorbenen gerichtet werden. Dies Stück existiert in keinem andern Papyrus und bereitet der Erklärung groſse Schwierigkeiten.

Die Vignetten zu 99 bringen alle verschiedene Formen der Barke zur Darstellung. In *Ab*, dessen Vignette fast zerstört ist, sieht man auf dem Schiffsvordertheil einen Mann mit einem Stock in der Linken stehen. Über seinem Kopfe liest man 𓇋𓏤𓏺, ein Wort, welches Kap. 109 Z. 4 und 149 Z. 11 mit Varianten wiederkehrt und den Schiffsführer, den *Reis* der arabischen Barken, bezeichnet.

Die Stelle, welche Kap. 99 einnimmt, wechselt, was in der Wichtigkeit der Urkunde seinen Grund hat. Die groſsen Papyri, wie *Aa* oder *Ca*, schieben zwischen die langen Kapitel eine groſse Zahl kleiner ein, welche in den sich auf das Wesentliche beschränkenden Urkunden nicht vorkommen. Man kann behaupten, dafs die eigentliche Stelle von 99 hinter den Kapiteln von den 〈🜨〉 ist und dafs man es dort am häufigsten findet, so in *Aa, Ab, Ac, Ca, Fa, La*. Auf 99 folgt manchmal 102, ein Kapitel derselben Art (*Ab, Ac*). Häufig folgt auch, wenn der Papyrus nicht sehr lang ist, eines der grofsen Kapitel vom Ende, 110 oder öfter 125. Eine feste Ordnung darf man in den alten Papyren ohne Zweifel nicht suchen: die Zusammenstellung ist mehr Sache der Gewohnheit und diese kann nur wichtige Kapitel betreffen: aber aus allem bisher Beobachteten ergiebt sich als eigentliche Reihenfolge: Anbetung des Osiris, 1, 15, 17, 18, die 〈🜨〉 und 99.

Kap. 100 oder 129.

Dieses Kapitel ist in *S* zweimal und mit fast gleicher Vignette vorhanden: nur das Emblem des Ostens findet sich das zweite Mal nicht. Dieses Kapitel hat *Aa* dreimal, aber immer ohne die Nachschrift, welche es in den andern Papyren hat. In mehreren Texten geht dies Kapitel der Handlung „des Aufstellens des 〈🜨〉 und des Befestigens der Schleife 〈🜨〉 voraus; es giebt dem Verstorbenen die Fähigkeit seine Fahrt zu lenken, wohin er will. In einer der Versionen in *Aa* steht 100 vor 155 und 156, den Kapiteln, welche diese Amulette behandeln. Die häufigste Stelle des 100. Kapitels ist hinter 125. In zwei Papyren (*Ba* und *Pb*) steht es neben 99. Die Vignetten bringen im allgemeinen mehrere Gottheiten in der Barke stehend und hinter dieser den Verstorbenen zur Abbildung.

Kap. 101.

Fehlt.

Kap. 102.

Ein anderes Kapitel, welches sich auf die Barkenfahrt des Verstorbenen bezieht. Wie schon erwähnt, berührt es sich mit Kap. 7, welches den gleichen Gegenstand behandelt. Es findet sich in 9 Papyren. Auch hier scheint es wie bei den Kapiteln der Verwandlungen oder bei denen von den Hauchen, dafs man nach der Art des Gegenstandes classificieren wollte; denn alle Kapitel um 102 haben auf die Barkenfahrt des Todten Bezug. Kap. 102 folgt dreimal auf 99, in *Ab*, *Ac*, *Pe*. Dreimal steht es in der Nähe von 136, von dem es nur durch 7 getrennt wird. Zu den Kapiteln einer andern Gruppe, neben denen es sich findet, gehört 38A, dem es zweimal vorhergeht.

Kap. 103.

Sehr kleines Kapitel, welches in drei Urkunden vorkommt. *Ba* hat daraus den ersten Satz eines aus 103, 68 und 117 zusammengesetzten Kapitels gemacht. Aufserdem findet es sich in *Ae* zwischen 47 und 76, und *Ca*, welcher es ganz am Ende zwischen 150 und 117 einreiht.

Kap. 104.

Findet sich auch nur in drei Urkunden: *Aa* stellt es zwischen 48 und 96—7 und *Ca* zwischen 95 und 114. In *Ae* läfst sich die Reihenfolge nicht feststellen. Die Vignette bestätigt vollkommen die Bedeutung „zwischen", welche LE PAGE RENOUF für die Präposition vorgeschlagen hat[1]).

Kap. 105.

In Kap. 105 bringt der Verstorbene seinem Opfer dar. Dieses Wort ist von MASPERO und LE PAGE RENOUF als „*double*, Doppelgänger" erklärt worden. Es ist hier nicht der Ort, den genauen Sinn dieses Ausdrucks, dem man, wie ich glaube, eine zu enge Bedeutung untergelegt hat, zu erörtern. Ich mufs nur kurz bemerken, dafs das ein Theil der Person ist und mit „die Lebensdauer" parallel

---

[1]) Transactions of the Society of Biblical Archaeology II, p. 305.

steht. Es bedeutet also etwas, dem das Leben seine Erhaltung verdankt, was das Individuum dauern und in der Existenz verharren läfst.

Die Vignetten unterscheiden sich wenig von der in S; nur Aa hat die Darstellung eines Opfers, welches der als Sem-Priester gekleidete Sohn seinem Vater und seiner Mutter darbringt.

Die Basis ist Pd entnommen. Der Text kommt 7 Mal vor. In Aa steht 105 vor einer Reihe von Kapiteln, welche von der Verleihung der zur Existenz nothwendigen Körpertheile an den Verstorbenen handeln, nämlich 30B, 26, 22, 23. In Pc steht es vor 42, aber bald darauf finden wir auch 26, 30B und 22. Viermal folgt es auf 63A und zweimal steht es vor 95.

Kap. 106.

Ein kleines Kapitel, welches in Aa dreimal vorkommt. Es liefert einen neuen Beweis, dafs die geographischen Namen nicht immer buchstäblich zu nehmen und als irdische Örtlichkeiten zu verstehen sind. Dieses Kapitel heifst „das Kapitel Opfer in Memphis darzubringen", und eine Version fügt hinzu -im Cherneter-. Man mufs daher annehmen, dafs es in der andern Welt ein Memphis giebt, wie sie ein Heliopolis hat. Eine Version dieses Kapitels ist von LEPSIUS nach dem Grabe des publiciert worden (Denkmäler III. 25). Das Kapitel hat sich 7 Mal gefunden. Ca fängt damit an. Zweimal, in Aa und Ac, folgt es auf 71 und zweimal, in Pf und Pg, auf 60.

Kap. 107.

Ist nicht aufgefunden worden, besteht übrigens auch in S nur aus einem Satze von 109 oder 149b.

Kap. 108 bis 116.

Wir kommen zu einer durch 110 unterbrochenen Reihe, deren Kapitel alle den Titel mit dem Zusatze eines Ortsnamens haben. Die Gruppe hat eine bestimmte Reihenfolge:

Aa 114, 112, 113, 108, 109.

Ib 114, 112, 113, 108, …

Ia 114, 112, 108, 109.

Pe 116, 109.

Pf 116, 108, 109.

Vom Papyrus *Ae* sind Fragmente derselben Kapitel übrig, welche *Aa* enthält; die Reihenfolge war wahrscheinlich die gleiche. Sie stimmt auch gänzlich in *Aa* und *Ia* überein, von denen der eine memphitisch, der andere thebaisch ist. Die normale Ordnung ist demnach: 114, 112, 113, 116, 108, 109.

Kap. 108 ist dasselbe wie 111; in *S* unterscheiden sich die beiden hauptsächlich durch den Titel. Der von 111 findet sich in den alten Papyren nicht. Es ist hier von den Geistern des Westens die Rede und doch wird wie an andern Stellen des Todtenbuchs der Berg [hieroglyphs] erwähnt, welcher gewöhnlich in den Osten verlegt wird. Außer in den vorhin erwähnten fünf Papyren findet sich 108 in *Ba*, und zwar hinter 29 B als letztes der correct geschriebenen Kapitel dieses Papyrus.

Kap. 109 ist mit 149 b fast gleichlautend. Es fängt erst mit Kapitel 149 Z. 9 an, aber es hat am Ende die Benennung der Geister des Ostens, welche 149 fehlt. In *Le* geht 109 dem Kap. 110 voraus. Diese Urkunde stellt vor die Elysischen Gefilde, ein kleines Kapitel, welches aus einzelnen Sätzen des einen und des andern gebildet ist und als Titel hat: [hieroglyphs]. Es bricht 109 Z. 6 ab und schließt mit den Worten: [hieroglyphs] *N*. *S* fügt diesem Kapitel noch ein Stück hinzu, welches sich in den alten Papyren nicht findet.

Kap. 112 und 113 sind die Kapitel, welche die Horuslegenden erzählen und die Ereignisse, zur Erinnerung an welche die vier Genien der Cardinalpuncte eingesetzt wurden, zwei in [hieroglyph], *Mesta* und *Hapi*, und zwei in [hieroglyph], *Tuamutef* und *Kebhsenuf*. Diese Kapitel sollten auch in *Fa* vorgekommen sein, aber nur der Titel des ersten ist erhalten geblieben. Sie waren beide auch im Grabe des Chaemha zu Theben vorhanden, aber

113 ist vollständig zerstört. Diese bemerkenswerthen Texte sind der Gegenstand einer schönen Arbeit Lefébure's gewesen[1]).

Kap. 114 und 116. Es giebt zwei Kapitel von der Kenntniſs der Geister von ≡≡⊙ *Hermopolis*. Offenbar ist der Titel des 116. Kapitels im Turiner Papyrus fehlerhaft, da in der letzten Zeile die Götter von Hermopolis erwähnt werden, deren erster Thoth ist. Dieser Fehler ist dem Turiner Texte eigenthümlich, denn er findet sich nicht in dem von Leemans publicierten hieratischen Papyrus in Leyden, noch auch in dem von E. de Rougé veröffentlichten Pariser. Kap. 114 ist viel häufiger; wir haben es in fünf Texten, *Aa*, *Ae*, *Ia*, *Ib* und *Pm*, während 116 sich nur in drei Urkunden an den für *Pe* und *Pf* schon bezeichneten Stellen findet. In *Ca*, wo es der einzige Vertreter der ganzen Reihe ist, steht es zwischen 104 und 91.

Es ist zu bedauern, daſs sich 115 nicht besser erhalten gefunden hat, als in den wenigen Bruchstücken von Sätzen in *Pm*, einem Papyrus aus sehr guter Zeit. Abgesehen von der Wichtigkeit, welche dieses von den Geistern von Heliopolis handelnde Kapitel hat, hatte es wahrscheinlich, nach dem Wenigen, was wir davon wissen, zu urtheilen, eine von *S* ziemlich verschiedene Redaction. Ein Theil dieses Kapitels hat sich auf einem Steinsplitter erhalten, ziemlich nachlässig geschrieben, aber doch aus der Zeit der XVIII. Dynastie[2]).

Kap. 110.

Das 110. Kapitel zerfällt in zwei Theile. Der erstere ist ein langes Stück und weit ausführlicher in den alten Texten als in *S*; der Verstorbene wendet sich darin an die verschiedenen Theile der Elysischen Gefilde, zu denen er gelangen wird. Vorauf geht ein langer Titel, in welchem alle Beschäftigungen aufgezählt sind, denen er obliegen, und

---

[1]) Les yeux d'Horus. Paris 1874.
[2]) Un ostracon égyptien. Annales du Musée Guimet I, p. 51.

alle Vergnügungen, die er sich zu gestatten gedenkt. Häufig findet sich der Einleitungstext nicht in seiner ganzen Ausdehnung. Nur vier unserer Papyri haben ihn zu Ende geführt. Oft genügt die Darstellung der Elysischen Gefilde. Diese Darstellung ist fast in allen Papyren die gleiche; sie unterscheidet sich nur durch die begleitenden Texte, für die auch allein die Varianten angegeben sind. Die verschiedenen Gegenden der Elysischen Gefilde werden von Streifen von Zickzacklinien, der gewöhnlichen Darstellung des Wassers, durchschnitten. Das will sagen, dafs der Aufenthalt der Glückseligen nach der Vorstellung der Ägypter wie der anderer Völker auf Inseln ist. [hieroglyphs] „Er führt die Barke vom Cherneter zu den Inseln der Elysischen Gefilde", heifst es auf einer Stele der XVIII. Dynastie (Denkmäler III, 114, i).

Wir haben 16 Texte dieses Kapitels, von denen vier nur das Bild der Elysischen Gefilde darbieten. Einige sind sehr kleine Fragmente wie Al und Am. Der Gefälligkeit Mr. BOURIANT's verdanke ich eine Copie von Tb, einem Texte, der seitdem veröffentlicht worden ist[1]). Um den Text von Pd benutzen zu können, habe ich ihn erst umkehren und die Zeilen in der gewollten Länge herstellen müssen; denn er ist von einem Ende bis zum anderen fehlerhaft und die Einleitung folgt der Darstellung der Elysischen Gefilde statt ihr vorherzugehen.

Obwohl die Stelle des 110. Kapitels vielfach wechselt, so ist es doch wichtig zu bemerken, dafs es in sieben unserer Texte (Ad, Ap, Ba, Ik, Pd, Pe und Lo) hinter 125 steht. Wenn man also der Reihenfolge der Kapitel eine Bedeutung für die Lehre beilegen könnte, so würde daraus folgen, dafs man, um in die Elysischen Gefilde zu gelangen, die Prüfung des Gerichts über sich ergehen lassen mufste. In mehreren andern wichtigen Urkunden, wie Aa, Le und Pb, trifft diese Annahme jedoch nicht zu.

---

[1]) Von LORET in den Mémoires publiés par les membres de la Mission archéologique française au Caire I, p. 125.

Kap. 117 bis 119.

In diesen drei Kapiteln sagt der Titel, dafs es sich um die [hierogl.] genannte Örtlichkeit handelt, welche ohne Zweifel im Westen gelegen war. Nach der Vignette zu 117 scheint es eine Art Erhöhung gewesen zu sein, welche der Verstorbene betritt; und wenn man diese Darstellung mit der in *S* vergleicht, so könnte es der Eingang einer Grotte oder einer Höhle sein; man kann in sie eingehen und aus ihr ausgehen, und nach der Variante von *Pe* im Titel zu 117 mufs es der Eingang zum Cherneter gewesen sein. Das häufigste Kapitel dieser Gruppe ist 119. Mehrere Papyri vereinigen 117 und 118 zu einem einzigen. Das ist der Fall in *Aa* und *Ai*; dabei hat aber *Ai* zwei Vignetten. In *Lb* sind die drei Kapitel unter einer und derselben Vignette geschrieben, welche am ehesten die von 119 ist.

Kap. 117 findet sich in *Ba* zweimal. Die beiden Wiederholungen sind durch 141—3 und 119 von einander getrennt. Sie sind durchaus gleich und brechen mitten in der 3. Zeile beim Worte [hierogl.] ab. Unmittelbar darauf beginnt eine Anrufung des Osiris ähnlich 119, von der das besterhaltene Exemplar hinter den Varianten zu 119 reproduciert ist. *Pe*, welcher dies Kapitel hinter den Titel und die Vignette von 64 und vor 116 stellt, hat gleichfalls einen dem Schlusse von 1 ähnlichen Zusatz.

Kap. 118 findet sich nur ein einziges Mal in *Pi*, wo es zwischen 138 und 94 steht. Was übrigens die Stelle dieser Gruppe anbetrifft, so können wir nur zwischen *Aa* und *Ai* eine Übereinstimmung bestätigen, die beide 117 und 118 vereinigt zwischen 96—7 und ein mit Z. 68 beginnendes Fragment von 17 stellen. In *Ca* schliefst 117 den Papyrus.

Kap. 119 findet sich in zwei verschiedenen Redactionen, deren Varianten zusammengestellt worden sind. Die eine hat zum Titel [hierogl.] und ist die kürzere; sie findet sich in *Aa*, *Pe* und *Ba*; sie läfst alles aus, was zwischen Z. 3 und 5 in der Mitte steht. Die andere Redaction hat zum Titel [hierogl.] etc. und findet sich in *Ca*, *La*, *Lb*, *Pj*, *Ia*, *Ae*, *Ai*, von denen zwei Vignetten haben. In zwei Texten, *Aa* und *Ia*, steht 119 vor der Gruppe der Verwandlungen und in zweien, *Ca* und *La*, hinter 99.

Kap. 120 siehe 12.

Kap. 121 siehe 13.

Kap. 122.

Fehlt.

Kap. 123.

Ist dasselbe wie 139. In *S* hat 123 weder Titel noch Vignette; es ist ein [hieroglyphs], d. h. es wird als mit 122 gleichbetitelt angesehen. Unter 139 hat es ebensowenig eine Vignette und heifst [hieroglyphs] „Anbetung des Tum". Hier wird es [hieroglyphs] genannt. In *Pa* wird es zweimal wiederholt und das [hieroglyphs] betitelte ist das erstere, in folgender Reihe: 13 (oder 121), 138, 123 (oder 139), 12 (oder 120), 15 B III Titel, 102, 123 (oder 139), 152. In *Ia*, wo dieses Kapitel nur einmal vorkommt, steht es zwischen 72 und 25. Ausnahmsweise, theils wegen der Vignette und theils wegen der Seltenheit des Textes, habe ich zu diesem Kapitel *Aw* benutzt, der es zwischen 35 und 36 stellt. Wir werden dieses Kapitel weiterhin in zwei Exemplaren aus den Königsgräbern finden, wo es als Titel und Anfang zur Schlufsrede des 125. Kapitels dient.

Kap. 124.

Ist ein in den alten Texten häufiges und wichtiges Kapitel, welches sich in 12 Urkunden gefunden hat. Es ist schon bei Gelegenheit des 1. Kapitels, dem 124 durch die Gleichheit des Titels nahe steht, besprochen worden. Es handelt gleichfalls von der Ankunft vor den vier [hieroglyphs] des Osiris, d. h. den vier in der Vignette dargestellten Genien.

Einige Sätze dieses Kapitels finden sich in 53, andere in 82 wieder. Zweimal, in *Ab* und in *Pe*, bildet 124 den Anfang des Papyrus; zweimal auch, in *Pc* und in *Pj*, steht es neben Kap. 1. Endlich ist es viermal, in *Ab*, *Ca*, *Ae* und *Ia*, vor das erste Kapitel der Verwandlungen gestellt, d. i. 83 und einmal 82. Nur eine Urkunde, *Ca*, hat 124 neben 125, und zwar nicht vor, sondern hinter demselben. Kein Text liefert die Aufzählung der ⟨hieroglyphs⟩ der verschiedenen ägyptischen Städte, die sich Z. 10 in *S* findet.

Kap. 125.

Obwohl das 125. Kapitel sich nicht in allen Papyren findet und namentlich nicht alle die vier Theile enthalten, so ist es doch nichtsdestoweniger der wesentlichste Theil des Todtenbuchs. Offenbar war das Gericht ein Begriff, mit dem die Ägypter sehr vertraut waren, wenn sich auch, abgesehen von den in der Nachschrift erwähnten Vortheilen, nicht erkennen läfst, zu welchem bestimmten Ergebnifs diese Prüfung führen konnte.

Dieses umfangreichste Kapitel des Buches, welches LEPSIUS unter eine einzige Nummer gestellt hat, wird gleichwohl in vier wohlunterschiedene Theile zerlegt. Der erste ist „die Ankunft in der Halle der doppelten Gerechtigkeit" ⟨hieroglyphs⟩, oder, wie zwei Varianten ergeben, ⟨hieroglyphs⟩ oder ⟨hieroglyphs⟩ etc. Nach der Ankunft erfolgt die eigentliche Gerichtsscene, während welcher der Verstorbene spricht, was man die negative Confession, ein verneinendes Sündenbekenntnifs, genannt hat; das heifst, während er nach einander jeden der 42 Zeugen anredet, welche beurkunden, dafs er nicht diese oder jene Sünde begangen hat. Daraus ergiebt sich, dafs Confession und Psychostasie im Zusammenhange stehen; das Bekenntnifs geht gewöhnlich der Wägung des Herzens voraus, aber beides findet in der Halle der doppelten Gerechtigkeit Statt. Die Vignette der Confession bringt diesen Saal mit einer Thür an jeder Seite zur Darstellung, und hier befinden sich auch die Namen der 42

Gottheiten mit der Abbildung einer jeden. Hinsichtlich der Psychostasie braucht man nur die Vignetten in *Pa* oder *Pe* zu betrachten um sich zu überzeugen, daſs die Wägung der Seele in der Halle der doppelten Gerechtigkeit vorgeht. Confession und Psychostasie sind also zwei zusammengehörige Dinge und *S* trennt sie fälschlich, um die letztere erst hinter der Schluſsrede anzufügen. Nachdem der Verstorbene aus dieser Prüfung über die Feinde, welche er zu fürchten hatte, siegreich hervorgegangen ist, verläſst er die Halle und spricht die lange Schluſsrede. Dies drückt der Titel in *Pb* aus, welcher sie nennt: „Worte gesprochen, wenn man siegreich aus der Halle der doppelten Gerechtigkeit hervorgegangen ist", oder der in *Ba*: „Worte gesprochen nach der Halle der doppelten Gerechtigkeit". Endlich kommt die ziemlich lange Nachschrift mit der Angabe, unter welchen Bedingungen dies Buch gelesen werden soll und welche Vortheile sich aus seiner Kenntniſs ergeben.

Ich habe das 125. Kapitel ganz oder theilweise in 34 Papyren oder Gräbern gefunden, von denen einige jedoch nur kleine Bruchstücke enthalten. Da Kap. 125 oft am Ende der Papyri steht, das heiſst an einer häufig schadhaft gewordenen Stelle, so ist manchmal nur der Anfang erhalten und das Kapitel wird plötzlich unterbrochen. So verhält es sich, um nur ein Beispiel anzuführen, mit *Ax*, welcher die ersten Zeilen der Einleitung und die Psychostasie liefert; doch reichte der Papyrus offenbar weiter. Von den 34 Texten enthalten 26 die Einleitung, 27 die Confession, 12 die Psychostasie, 17 die Schluſsrede und 11 die Nachschrift. Von allen diesen Urkunden sind nur drei ganz vollständig, sowohl in der Redaction als in der Erhaltung, nämlich die drei Pariser Papyri *Pa*, *Pb* und *Pe*.

Zur Einleitung ist nur *If* nicht benutzt worden, da er nur wenig wichtige Fragmente bietet. Von den 25 Texten gehen 16 bis aus Ende des Stückes. Die groſse Mehrzahl beginnt mit diesen Worten: etc. „Worte gesprochen, wenn man sich nähert" u. s. w. Drei Texte nennen indessen dieses Stück: „das Kapitel" oder „das Buch von der Ankunft in der Halle der doppelten Gerechtigkeit" (*Ta, Td, Ak*), und einer: „das Kapitel von der Halle der doppelten Gerechtigkeit und von der Kenntnifs dessen, was sie enthält" (.1b). Die Einleitung ist eine Art vorläufiger Confession; der Verstorbene leugnet von vornherein gewisse Sünden begangen zu haben; nur redet er hier nicht die Gottheiten an, da er sie ohne Zweifel erst zu Gesichte bekommt, wenn er in die Halle der doppelten Gerechtigkeit eingetreten ist. Die Einleitung begleitet in der Regel eine Darstellung des Verstorbenen und seiner Frau in anbetender Stellung.

Die Confession und die Psychostasie finden in der Halle der doppelten Gerechtigkeit Statt. Dieselbe wird in *Aa* (Taf. CXXXIV—V) mit einer Thür an jedem Ende abgebildet. Im Hintergrunde sitzen die beiden Gerechtigkeiten; es giebt zwei und zwar, wie uns *Ac* lehrt, eine des Ostens ⸸ ⸰ und eine des Westens ⸸ ⸰. In einer andern Darstellung, im Papyrus *Ap*, sieht man *Ma* und *Safech* dasitzen. In der Regel findet sich unter seinem Namen eine Darstellung jedes der 42 Zeugen. Dieselben können gleichgestaltig sein oder verschiedene Köpfe haben. Hinsichtlich der Reihenfolge dieser Götter und der Sünden, welche jedem derselben zuertheilt werden, ist die Anordnung in *Aa* wohl die normale. Diese findet sich am häufigsten und ist von mir als Basis angenommen worden; indefs kommen erhebliche Abweichungen vor, namentlich gegen Ende des Kapitels. Sie rühren sehr häufig wohl von einer Auslassung des Abschreibers her, der vielleicht einen Gott oder eine Sünde vergessen hatte und dann die Reihenfolge und die Beilegungen änderte. Eine Variantenübersicht nach der Reihenfolge und Anordnung der einzelnen Papyri aufzustellen wäre unmöglich gewesen. Vor allem kommt es darauf an, durch die Vergleichung der Varianten die Bedeutung des Ausdrucks festzustellen. Dieser philologische und grammatische Gesichtspunkt ist von gröfserem Belang als die andern. Das hat mich in vielen Fällen genöthigt der Ordnung der Papyri zu entsagen, was übrigens um so leichter geschehen konnte, als ihr die ägyptischen Schreiber selbst augenscheinlich keine Wichtigkeit beimessen. So entspricht in *Pb*, einem bis 34 sehr regelmäfsigen Papyrus, der Gott 37 der Sünde 38. Nun steht in den Varianten die Sünde 38

[⸗⸗⸗] von *Pb* parallel mit 38 in *Aa*, wo sie jedoch einer andern Gottheit entspricht. Dafür findet sich andrerseits die Sünde 37 [⸗⸗⸗] von *Pb* nicht in *Aa*. Nun ersetzt in mehreren Papyren, wie in dem *Aa* übrigens vollkommen ähnlichen *Ad*, jene Sünde die 40., [⸗⸗⸗], welche in *Pb* auch nicht vorkommt. Es war daher natürlich diesen Ausdruck [⸗⸗⸗] unter 40 zu setzen, da das in dem durchaus normalen Papyrus *Ad* sein Platz ist, während er in *Pb* die 37. Stelle einnimmt. Derartige Combinationen mußten gemacht werden, um dieselben Texte so viel wie möglich in Übereinstimmung zu bringen. Wo ich es nur konnte, habe ich die Varianten unter derselben Nummer zusammengerückt; aber oftmals habe ich statt einer Variante den Satz angegeben, welcher sie ersetzt und vielleicht aus einer andern Nummer herrühren kann als derjenigen, unter welcher er steht. *Pc* und *Id* erwähnen mehrere Sünden, welche aus der Einleitung wiederholt sind, *Pc* [⸗⸗⸗] unter 40 und *Id* dasselbe unter 38. Beide werden unter 38 gestellt werden müssen, da sonst keiner die Sünde 38 hat. Ungeachtet dieser Verschiedenheiten muß man zugestehen, daß in den großen Papyren, wie *Aa*, *Ad*, *Ca*, *Pa*, eine normale Anordnung vorliegt, von der sich keine dieser Urkunden entfernt hat. Die vollständige Übereinstimmung so wichtiger Texte genügt um das Vorhandensein einer regelmäßigen Ordnung zu erweisen.

Manchmal ist ein Papyrus, wie *Pa*, in drei Abtheilungen geschrieben: die erste enthält den Namen der Gottheit, die zweite die Darstellung der Götter, worunter die Negation mit dem Hülfsverb steht [⸗⸗⸗], dann die dritte das Satzglied, welches von diesem Hülfsverb abhängt und deshalb ohne das pronominale [⸗] am Ende ist. In *Ad* und *La* wird das Pronomen durch den Namen des Verstorbenen vertreten; und in solchem Falle kommt es häufig vor, daß der Schreiber die vor den Namen gesetzte Negation auch hinter demselben wiederholt. Soll man das lediglich als ein Versehen betrachten? Ich möchte darin eher eine Verstärkung der Negation erblicken: [⸗⸗⸗] N. [⸗⸗⸗] (vergl. *Ad* 2, 28 und *passim*). Mitunter, wie in *Ta*, steht die Confession auch einfach in der dritten Person ohne Hülfsverb, z. B. [hieroglyphs].

Gleichzeitig mit dem negativen Sündenbekenntnifs findet die Wägung des Herzens auf der Waage statt. Das ist der Mittelpunkt des 125. Kapitels, welchem dann die Confession und die Schlufsrede beigeordnet sind. Wie ich schon bemerkt habe, gehört hierhin auch natürlicherweise Kap. 30B; wirklich haben mehrere Papyri, wie *Ag*, *Pa*, *Pe*, *Ig*, diese Anordnung. Gerade in dem Augenblicke, wo der Verstorbene seines Herzens beraubt ist, und es vor sich auf der Waage hat, mufs er die Worte dieses Kapitels an dasselbe richten: daher vertritt auch Kapitel 30B, obwohl von 125 getrennt, in drei Papyren die Psychostasie, deren Vignette es hat. Wir haben auch in mehreren Texten, wie *La*, zwei Darstellungen der Psychostasie gefunden, weil der letzte Satz von Kap. 1 auf diese Episode anspielt. In *La* ist die erste Psychostasie, die des 1. Kapitels, viel umfänglicher als die zweite und deshalb auf Tafel CXXXVI reproduciert. Die Untersuchung dieser verschiedenen Darstellungen zeigt uns, dafs je älter die Papyri sind, desto einfacher die Abbildung ist. Nur in den neuern Texten, wie in *Ag*, erblickt man jenes phantastische Thier neben der Waage, „den Fresser der Todten", ein Mischwesen, „dessen Kopf der des Krokodils, dessen Hintertheil das des Nilpferdes und dessen Mitte die des Löwen ist".

In der Regel ist Thoth unter der Gestalt eines Kynokephalen in der Scene gegenwärtig. Es giebt wenige Papyri, welche die verschiedenen Gottheiten der Psychostasie sprechen lassen, wie es in neuern Urkunden der Fall ist. Dazu gehören *La* und *Ag*. Die Worte sind von einem Texte zum andern verschiedene: auch hier scheint der Einbildungskraft des Schreibers manches überlassen geblieben zu sein. Sie sind daher nicht wiedergegeben worden. Überhaupt hatten die Künstler in dieser ganzen Darstellung der Psychostasie viel Spielraum. Das Wesentliche war die Waage, der Verstorbene und Osiris. Einmal, in *Pa*, fehlt sogar der grofse Gott der Amenthes. Das Übrige richtete sich viel nach dem

21*

Raume, den der Künstler zur Verfügung hatte, und nach der Art des
Papyrus. Ein Papyrus, der so sorgfältig, sauber und namentlich durch
seine Vignetten glänzend ist wie *Ag*, hatte eine der Schönheit des Denk-
mals entsprechende Psychostasie. Die Abbildung in *Ag* ist die ausführ-
lichste von allen, die mir vorgekommen sind. Da sieht man Osiris auf
einem Throne sitzend, dessen Basis auf Wasser ruht. Aus diesem
Wasser steigt ein Lotus empor, auf dem die vier Götter der Cardinalpuncte, die vier [hieroglyphs], stehen. Nur dieser Papyrus zeigt uns den
Verstorbenen anbetend, nicht vor den 42 Zeugen wie in *S*, sondern vor
14 Gottheiten, die dem Verhöre beizuwohnen scheinen und von denen
die ersten die cosmischen Götter von Heliopolis sind.

Auf die Psychostasie folgt, was ich die Schlußrede genannt habe,
die in *S* irrthümlicherweise der Wägung des Herzens vorhergeht. Die
Stelle, welche die meisten Papyri diesem Stücke geben, sowie der Titel
in *Pb*: „Worte gesprochen, wenn man aus der Halle der doppelten Gerechtigkeit siegreich hervorgeht", lassen in dieser Beziehung keinen Zweifel. Die Schlußrede bieten 17 Urkunden dar. In den meisten dieser
Texte wird auf dies Stück die Vignette vom Ofen und den vier Kynokephalen bezogen, welche in *S* zu Kap. 126 gehört, einem in den alten
Papyren allerdings sehr seltenen Kapitel. In den Varianten hinter der
Nachschrift (p. 335) findet sich nochmals Kap. 125 oder 139. Es dient
im Grabe Ramses' IX. als Titel und Anfang zur Schlußrede und vertritt
diese wahrscheinlich in dem Ramses' IV., wo sie fehlt. In der Schlußrede
treffen wir, wie in einigen andern großen Stücken des Todtenbuchs, die
Form des Zwiegesprächs, d. h. an den Verstorbenen gerichtete Fragen.
Jeder Theil der Halle fragt ihn nach dem mystischen Namen, mit welchem er bezeichnet wird; und das bildet die nothwendige Bedingung
seines Eintritts.

Das 125. Kapitel schließt mit einer langen Nachschrift, welche in
Aa mangelt, aber sich in 11 andern Papyren findet. Was die Stelle
dieses Kapitels anbetrifft, so wechselt sie ziemlich, aber wir können die
folgenden Thatsachen behaupten: Nur ausnahmsweise steht 125 hinter

149 und 150 wie in *Aa, Ab, Lc*. In der Regel geht 125 diesen Kapiteln, welche den gewöhnlichen Schluſs der thebaischen Papyri bilden, vorher. Die häufigste, durch *Pa, Pb, Pc, Cd, Ac* vertretene Reihenfolge ist: 125, 136 A und B, 149 und 150, womit der Papyrus schlieſst. Wenn der Papyrus Kap. 110 enthält, so steht es gewöhnlich hinter 125 und vor 149. Doch kann zwischen 125 und 149 ein groſser Zwischenraum sein. Das vorhergehende Kapitel ist mitunter 99 (in *Ik, Pf*) und dreimal, in *Ba, Pa* und *Pc*, 146.

Kap. 126.

Ist eines der seltensten Kapitel. Ich habe es nur in *Ab* vor der Confession gefunden und zwar innerhalb des Planes der grossen Halle, deren Ecke es einnimmt. Es ist mit der gewöhnlichen Vignette versehen, welche, wie schon gesagt wurde, in der Regel bei der Schluſsrede von 125 steht und auch allein Kap. 126 vertritt. Auſser in *Ab* habe ich dieses Kapitel nur im Grabe Ramses' VI. gefunden.

Kap. 127.

Ist gleichfalls ein seltenes Kapitel, welches sich besonders in den Gräbern findet. Es scheint eher zu dem Buche der Sonnenlitanei gehört zu haben, dessen zweiten Abschnitt es bildet, als zu dem Todtenbuche. Wir haben zwei verschiedene Versionen davon; die eine findet sich in den Gräbern Ramses' IV. und Ramses' VI., die andere in dem Papyrus *Ik*, der es vor 110 und hinter 125 (von dem es jedoch durch 42 getrennt ist) einschiebt.

Kap. 128.

Fehlt.

Kap. 129 siehe 100.

Kap. 130.

Wir kommen jetzt zu mehreren Kapiteln, welche von der Fahrt des Verstorbenen in der Barke des Ra handeln. Das erste ist 130. welches in *S* eine in keinem alten Papyrus aufgefundene datierte Nachschrift hat. Indessen kommt sie in der Epoche der von mir sogenannten alten hieratischen vor; denn DÉVÉRIA bestätigt das Vorhandensein eines Königsnamens von zweifelhafter Lesung im Papyrus des Louvre III, 97. Wir haben drei Versionen des Kapitels, in *Lc*, *Pb* und *Ba*. Die eine, die von *Ba*, ist viel kürzer als die andern, während der Titel, derselbe wie in *S*, ausführlicher ist und dem in 136 B ähnelt. Einige Theile finden sich auch in dem schlechten Papyrus *Pc*. Die Stelle dieses Kapitels ist in jedem der drei Texte eine andere. In *Ba* steht es zwischen 149 und den Kapiteln vom Herzen; in *Pb* zwischen 136 A, welches viel länger ist als gewöhnlich, und 148; endlich in dem uns als Basis dienenden *Lc* steht es ganz am Anfange des Papyrus zwischen der vorangestellten Anbetung des Osiris und Kap. 100.

Kap. 131.

Fehlt.

Kap. 132.

Es ist unerklärlich, warum man diesem Kapitel diesen Platz gegeben hat, wo es die Reihe der Kapitel von der Fahrt in der Barke des Ra unterbricht. Von den vier Texten, welche wir noch besitzen, geben uns nur zwei, *Pe* und *Ax*, über die Stelle, welche es einnehmen muſs, eine Andeutung. *Pe* stellt es zwischen 79 mit der Nachschrift von 72 und 9 und *Ax* zwischen 56 und 102, sehr weit von 133. Dieses Kapitel enthält dieselbe Anspielung auf die Psychostasie, welche man in dem letzten Satze von 1 findet.

Kap. 133.

Findet sich in drei Urkunden, welche sich durch den Titel alle drei unterscheiden. Der kürzeste ist der in *Ta*, „das Kapitel von der Vervollkommnung des Verstorbenen". In diesem Texte beginnt das Kapitel mit anderthalb Zeilen aus *S*, welche sich in der Basis nicht vorfinden. In *Ax* hat man zunächst den Titel von 141, worauf der Text in der Mitte der 4. Zeile mit den Worten N. einsetzt. Da die Nachschriften sehr verschieden lauten, so sind sie alle drei reproduciert worden. In *Ta* folgt 133 auf 86 und geht 134 vorher. In *Aa* folgt es auf 65 vor 64 *bis* und in *Ax* endlich steht es zwischen 171 und 81.

Kap. 134.

Hier fehlt, wie auch in dem vorigen Kapitel, die in *S* befindliche Angabe, nach der es am ersten Monatstage gelesen oder gesprochen werden soll. Kap. 134 kommt in fünf Urkunden vor, von denen drei, *Ib, Am* und *At* nur kleine Bruchstücke gewähren. *Ta* stellt es zwischen 133 und 65 und *Aa* zwischen 56 und 92.

Kap. 135.

Fehlt.

Kap. 136.

Dieses Kapitel besteht aus zwei Theilen, deren einer (es ist der beträchtlichere, von mir mit 136 B bezeichnete) aus der saïtischen Redaction verschwunden ist. Derselbe findet sich jedoch noch in den ältesten hieratischen Papyren. Möglicherweise wurde Kap. 130 als Äquivalent desselben betrachtet, denn es hat in *S* einen Titel, der an den von 136 B erinnert.

Kap. 136 A, d. i. das in *S* aufgenommene, hat sich in 13 Papyren gefunden. Es ist ohne Frage eines der häufigsten; aber fast stets ist es kürzer als in *S* und bricht nach den ersten Worten der 4. Zeile ab. Vollständig habe ich es nur in *Pb* und in *Ae* gefunden, von welchem letztern jedoch nur Fragmente erhalten sind.

Noch häufiger als 136A ist 136B, welches in den Papyren von einiger Bedeutung fast nie fehlt. Es kann vorkommen, wie in *Pa, Pf, Ig* und *Ac*, dafs die beiden Kapitel mit 136A anfangend nur Eines bilden. In diesem Falle hat 136B keinen Titel. In *Ad* finden sich zwei Versionen von 136B, deren eine unvollständig ist, und sie sind so angeordnet: Der Text beginnt mit dem Titel von 136B [hieroglyphs] u. s. w. Man sieht, dafs die ersten Textworte des Kapitels fehlen, was glauben macht, dafs der Titel diesen ganzen Satz umfafst, während er in Wirklichkeit mit [hieroglyphs] abbricht. Diese erste Version von 136B ist unvollständig und hört in Z. 13 auf: [hieroglyphs], wo dann einige Sätze des gleichfalls unvollständigen 136A folgen, deren unbedeutende Varianten ich nicht verzeichnet habe. Dann fängt 136B von neuem an und zwar mit einer vollständigen Version, deren Varianten reproduciert worden sind. Der Titel hat hier eine seltsame orthographische Variante, für das [hieroglyphs] der ersten Version schreibt die andere [hieroglyphs].

Unter allen Kapiteln des Todtenbuchs kann man keinem seine Stelle so sicher anweisen wie diesem. Die Ausnahmen sind so wenig zahlreich, dafs man sie nicht zu berücksichtigen braucht. Man kann behaupten, dafs Kap. 136B immer vor 149, und 136A immer vor 136B steht, wenn 136A nicht ausgelassen ist; denn 136B kann sehr wohl allein stehen. So viel ich weifs, hat nur *Ai* zwischen 136B und 149 ein Kapitel eingeschoben. Die Kapitel vor 136A wechseln; aber in mehreren Urkunden und zwar in den besten steht es hinter 125.

Man wird bemerken, dafs in der Reproduction von 136B eine Anzahl Columnen mit [hieroglyph] anfängt, wie man es in Wandinschriften findet. Dies scheint auf einer archaischen Tradition zu beruhen, welche zu der oben ausgesprochenen Annahme stimmen würde, daſs die Texte des Todtenbuchs ursprünglich an Wänden oder auf die Seiten des Sarcophags geschrieben wurden. Wie dem auch sein möge, so hatte sich diese Überlieferung in diesem Kapitel erhalten, und unter den Copieen desselben haben mehrere Exemplare jenes ⸗ bewahrt; aber man hat es nicht beachtet, daſs das Wort nur über die Zeilen gehört, sondern hat es innerhalb derselben eingefügt, wo es das Wortgefüge ganz sinnlos unterbricht. Da übrigens nicht alle Vorlagen gleich waren, so geht dies ⸗ nicht immer demselben Worte vorher. Die Vignette zu 136 B ist fast überall die nämliche. Selten ist sie ausgefallen, denn sie ist sogar in *Ca* vorhanden.

Kap. 137.

Hat auch zwei verschiedene Versionen von ungleicher Länge, die sich beide in *Aa* finden. 137 A steht *S* am nächsten. Es ist ein langes Kapitel mit einem Datum, da die Nachschrift sagt, daſs es von dem königlichen Sohne *Hortetef* aufgefunden wurde, den wir als einen Sohn des Mycerinus kennen. In *Ba* entspricht ihm ein viel kürzeres Kapitel, welches ganz reproduciert worden ist. 137 B ist ein kurzes Kapitel, in welchem *Ba* und *Aa* deutlich übereinstimmen. In *Ba* folgen 137 A und B auf einander und sind zwischen 59 und 63 gestellt. In *Aa* steht 137 B zwischen 89 und 119, dagegen 137 A nahe am Ende des Papyrus zwischen 106 und 64. 137 A findet sich, freilich sehr incorrect, auch in *Pi* wieder. Hier steht es ganz am Ende des Papyrus.

Kap. 138.

Es ist eines der seltenen Kapitel, dessen Basis aus *Ik* genommen ist. Es findet sich in vier Papyren. In *Ik* steht es zwischen 152 und einem Fragmente von 18, in *Pa* zwischen 13 und 123, in *Pb* zwischen 57 und 153 B und in *Pi* zwischen 89 und 118. *Ik* ist die einzige Urkunde, welche hinter das Kapitel die groſse Zeichnung mit dem Emblem von Abydos in der Mitte stellt.

Kap. 139 siehe 123.

Kap. 140.

Fehlt.

Kap. 141 bis 143.

Unter diesen drei Nummern stehen in *S* zwei Listen von Osirisnamen und eine Darstellung. Die beiden Listen bilden in Wirklichkeit nur eine. In den alten Texten, selbst in denen der XXI. Dynastie, sind sie zu einem einzigen Kapitel vereinigt. Oftmals sind alle diese Namen in einem Sanctuarium zusammengestellt, wie die der 42 Zeugen im 125. Kapitel. Was das 142. Kapitel in *S* bildet, fängt mit No. 53 in unserer Ausgabe an. Dieses allein stehende Kapitel ist etwas weniger ausführlich als die beiden andern; aber die Dreitheilung ist offenbar aus neuerer Zeit. Was glauben machen könnte, dafs das Kapitel vielleicht schon in der thebaischen Epoche in zwei aufgelöst war, ist der Umstand, dafs *Ba*, welcher einen besondern Titel ⟨hieroglyphs⟩ trägt, erst mit 53, d. h. 142, anfängt und keine der vorhergehenden Benennungen enthält. Aber angesichts der Übereinstimmung der übrigen Urkunden, selbst jener der XXI. Dynastie wie des Papyrus der Königin Net'emt (*Pq*) und Leyden III, darf man daraus nicht folgern, dafs dieselben ein getrenntes Kapitel gebildet hätten. Kap. 143 besteht nur aus den Vignetten zu 142, welche hier durch Anbetungen des Osiris ersetzt werden.

Ich habe zu diesem Kapitel acht Urkunden benutzt, von denen die eine, *Ld*, aus dem Ende der XX. Dynastie herrühren mufs, also mit dem gleichfalls herzugezogenen *Pq* fast gleichzeitig ist. Das Kapitel findet sich auch in den Urkunden der XVIII. Dynastie, so in *Ad*, *Ta* und andern. In *Ld* kommt der sehr seltene Fall der Erwähnung des Ammon vor, nämlich unter No. 58, wo man statt ⟨hieroglyphs⟩ vielmehr ⟨hieroglyphs⟩ liest. Das liegt ohne Zweifel daran, dafs in dieser Epoche der Cultus des Ammon den der andern Götter in Schatten stellte. Hinsichtlich der Stelle des Kap. 141—143 sind alle Documente uneins.

Kap. 144.

Mit diesem Kapitel kommen wir zu der Reihe „der Thore" oder „der Wohnungen", d. h. der ⌇ und ⌇ genannten Örtlichkeiten. Diese Kapitel sind von der saïtischen Redaction sehr abweichend. Sie haben im allgemeinen nicht die Anrufungen, welche in *S* vorkommen. Zwei davon, 144 und 146, sind häufiger als die übrigen und gehören zusammen; sie folgen unmittelbar auf einander, wie in *Ab*, *Ik*, *La*, oder man hat sie selbst zu einem einzigen Kapitel verschmolzen, wie in *Aa*.

Kap. 144 hat einen besondern Titel, es heifst ⌇ „das Kapitel von der Ankunft". Diesem Titel folgt eine kurze Anrufung der Wächter der verschiedenen ⌇, vor welche der Verstorbene hintreten will. Titel und Anrufung kommen nur in *Ax* und *Ab* vor, im letztern in einem fragmentarischen Zustande, der nur den obern Theil der Zeilen darbietet.

Dieses Kapitel besteht nur in der Benennung des auf die sieben verschiedenen ⌇ Bezüglichen. Dieselben sind in der obern Zeile alle numeriert, jede ⌇ hat einen Eigennamen, der in der mittlern horizontalen Linie steht; sie sind von zwei Personen bewohnt, dem ⌇ „dem Wächter" und dem ⌇ „dem, der daselbst seine Stimme hören läfst", wahrscheinlich um jeden Kommenden anzukündigen, und den ich den Herold nennen werde. In jedem Thore ist der Wächter der erstgenannte; der Herold kommt erst nachher, wenigstens in der gewählten Basis, wo man in jeder ⌇ besonders von der Rechten anfangen mufs; nur die Zeile der Ziffern bildet eine Ausnahme.

Wenn man die verschiedenen Exemplare dieses Kapitels prüft, so sieht man, dafs nicht zwei gleich sind und den Thoren dieselben Nummern oder dieselben Insassen geben. Indem ich das publicierte Exemplar aus *Ax* als Grundtext nahm, habe ich deshalb die verschiedenen Elemente jeder ⌇ folgendermafsen unterschieden. Die römischen

Zahlen beziehen sich auf den Namen des Thores. Auf Taf. CLIV sollten diese Ziffern über der mittlern horizontalen Zeile stehen, nicht oben. Die lateinischen Buchstaben a, b, c bezeichnen die Wächter und die entsprechenden griechischen $α$, $β$, $ϰ$ die Herolde; so besteht in der Basis die 4. ⌧𝄞 aus IV. $d\,δ$, was ich der Kürze wegen so andeute: 4 (IV. $d\,δ$). Nach dieser Bezeichnungsweise stellen sich die andern Documente folgendermafsen dar:

Pe 1 (V. var. $g\,γ$), 2 (I. $f\,φ$), 3 (VI. $e\,ε$), 4 (II. $d\,δ$), 5 (IV. $c\,ϰ$), 6 (III. $b\,β$), 7 (VII. $a\,α$);

Ce 1 (I. $g\,f$), 2 (II. $φ\,ε$), 3 (IV. $d\,δ$), 4 (III. $c\,ϰ$), 5 (V. $e\,β$), 6 (VI. $b\,α$), 7 ($a\,γ$ var.);

Ab 1 (I. $g\,γ$), 2 (VI. $f\,φ$), 3 (II. $d\,ε$), 4 (IV. $c\,δ$), 5 (III. $e\,ϰ$), 6 (V. $b\,β$), 7 (VII. var. $a\,α$);

Aa 1 (II.), 2 (I. f), 3 (VI. $d\,φ$), 4 (VII. $e\,ε$), 5 (IV. $c\,δ$), 6 (III. $b\,ϰ$), 7 (V. $a\,β$);

Ik 1 ($g\,f$), 2 ($φ\,ε$), 3 ($d\,δ$), 4 ($c\,ϰ$), 5 ($e\,β$), 6 ($b\,α$), 7 ($a\,γ$).

La liefs sich wegen seiner schlechten Erhaltung nicht verwerthen. Auch *Ik* ist an dieser Stelle ziemlich schlecht und erwähnt nur den Wächter und den Herold ohne den Namen des Thores. *Aa* hat eine eigenthümliche Anordnung, die auf Taf. CLV reproduciert ist und sich vermuthlich auch in *Ha* fand. Die Einrichtung ist zu Anfang nicht vollkommen regelmäfsig, aber wenn man die andern Zeilen aufser der ersten betrachtet, so sieht man Nebseni vor einer ⌧𝄞 in Anbetung, deren Name sich neben denen der Insassen befindet. Hinter dem Gebäude sind der Herold und der Wächter und hinter diesen der Name der dargestellten ⌧ derselben Nummer. Es ist also eine Verschmelzung der Kapitel 144 und 146, die sich sonst in *Aa* nicht wiederfinden. Nur darin hat sich der Schreiber geirrt, dafs er acht ⌧𝄞 gezeichnet hat, während nur sieben existieren. Der Name der achten wird daher durch den Titel des folgenden 148. Kapitels ersetzt, mit der Vignette der sieben Kühe und des Stieres. In Ja bildet dieses doppelte Kapitel mit 148 die obere Abtheilung des Papyrus, unter der sich die Kapitel von den [hieroglyphs] und andere befinden.

Aufser bei 146 steht Kap. 144 am häufigsten bei 148. Das grofse Stück unten in S ist neuern Ursprungs: es kommt in keinem alten Texte vor, selbst nicht in den ersten hieratischen, wie dem Papyrus de Luynes.

Kap. 145 und 146.

Diese beiden Kapitel sind nur zwei verschiedene Versionen eines und desselben Textes. Sie handeln nach S von den [hieroglyphs] den Thoren des Hauses des Osiris in den Elysischen Gefilden. Diese Thore sind weit genug, um wie die [hieroglyphs] Bewohner haben zu können. Es sind nach Kap. 145 einundzwanzig, aber nach Kap. 146 nur noch fünfzehn. In S ist Kap. 145 das vollständigere. Der Verstorbene tritt vor und erklärt den Namen des Thores und des Gottes, welcher mit seiner Bewachung betraut ist, zu kennen. Der Name des Thores ist immer weitläufig und mystisch. Nachdem er den des Wächters gesagt hat, beschreibt der Todte die Reinigungen, die er erfahren hat, und die Öle oder Balsame, mit denen er gesalbt ist, worauf der Text regelmäfsig mit den Worten schliefst: „Tritt ein, denn du bist rein". So geht es fort bis zum zehnten Thore; dann ist von einem Gott-Wächter nicht mehr die Rede; der Verstorbene sagt einfach: „Ich kenne dich, ich kenne den, der in dir ist"; nachdem er darauf den Namen des Thores genannt hat, macht er nicht nur nicht den Bewohner namhaft, sondern auch alles die Reinigungen, welche er über sich hat ergehen lassen, Betreffende ersetzt er durch die Worte: [hieroglyphs]. So geht es fort bis zum 21. Thore. Hier erscheint der Gott-Wächter wieder, dessen Namen er nennt, aufser denen von 7 Gottheiten. Alles schliefst mit einem Stücke, wie es viele im Todtenbuche giebt, in welchem die Glückseligkeit beschrieben wird, welche er erreicht.

Das 146. Kapitel ist das abgekürzte 145. Zu jedem Thore ist sein Name und der des Wächters gesetzt, bis No. 10. Von da ab fehlt der Name des Wächters und wird durch den oben angeführten Satz vertreten, immer denselben bis zum Ende von 15, denn weiter geht das Kapitel nicht. Unter dieser Nomenclatur steht noch ein Stück in einem panegyrischen Stile, welches wie das ähnliche in Kap. 144 neuern Datums ist.

Nun zu den alten Texten übergehend, bemerken wir, dafs 145 viel seltener ist als 146. Nur zweimal hat es sich, in zwei verschiedenen Formen, gefunden. 145 A ist *S* am ähnlichsten. Diese Version ist dem Grabe des Menephthah Siphtah entnommen; was von dem Kapitel erhalten war, habe ich bei meinem ersten Aufenthalte in Theben 1869 copiert. Es fängt mit No. 6 an, No. 10 fehlt und mit 18 endigt es. Daraus folgt nicht, dafs das Kapitel nicht länger wäre; dafür bietet der Text eines Grabes kein entscheidendes Argument. Hier sind die Nothwendigkeiten der Architectur so gebieterisch, dafs sie den Schreiber sehr wohl veranlafst haben können das Ende eines Textes zu unterdrücken. Die Modificationen, welche wir im Verlaufe des Textes in *S* angegeben haben, sind dieselben. Bis zu 9 (10 fehlt) wird der Wächter als „der Gott, welcher wacht" bezeichnet, während er von da ab heifst „der welcher in dir ist". Von 11 an verschwindet auch das auf die Reinigungen Bezügliche, wofür dieser Satz eintritt: 𓏥𓎛𓅱𓂋𓏤𓊪𓈖𓌞𓏥𓏏𓏥 𓀀𓈎𓏏𓁹𓏤. Indefs findet man vor diesem Satze noch den Namen des Wächters, der in *S* nicht vorkommt. Die Gestalten dieser Personen sind nach CHAMPOLLION reproduciert worden[1]). In diesem Texte fällt eine Vermischung der männlichen Pronomina mit den weiblichen auf; sie kommt daher, dafs derselbe für die Königin Tauser, eine der Besitzerinnen dieses Grabes, bestimmt war.

Die andere Version von 145 hat sich nur einmal gefunden. Es ist davon nur ein kleines Fragment in *Pg* vorhanden, was um so mehr zu bedauern ist, als die Fassung eine verschiedene ist. Der Verstorbene beschränkt sich nicht darauf zu erklären, dafs er sich gereinigt, dafs er sich mit diesem und jenem Öle gesalbt habe; es findet zwischen ihm und

---

[1]) Notices descriptives II, p. 451—2.

dem Wächter eine Unterhaltung statt, indem dieser ihn fragt, in welchem Wasser er sich gewaschen und welches Öles er sich zur Salbung bedient habe. Es ist wieder die schon einige Male beobachtete Form des Zwiegesprächs. Dieses interessante Stück steht in *Pg* hinter Bruchstücken von 83 und 82 am Ende.

Kap. 146 ist vollständiger als in *S*, da es die 21 Thore enthält; aber es ist eine einfache Aufzählung der Namen ohne jeden begleitenden Text. Es hat sich in neun Papyren gefunden, von denen einer, *La*, zu schadhaft ist um benutzt werden zu können; ebenso ist von *Ha*, welcher wahrscheinlich mit *Aa* gleich war, nur ein ganz kleines Fragment vorhanden. Selten ist der Text so vollständig wie in *Lc*. Indessen reichte *Ab* wahrscheinlich bis zu Ende und nur die Zerreifsung des Papyrus hat uns der letzten Thore beraubt. Zwei Papyri, *Pa* und *Ik*, brechen mit No. 15 ab, was beweist, dafs die von *S* für 146 angenommene Zahl auf einer alten Überlieferung beruht. *Aa* erstreckte sich nur bis zu 8. Der Zustand der Papyri *Ba* und *Cc* läfst nicht erkennen, wie weit diese Urkunden reichten. *Pc* sollte wohl bis zu Ende fortgeführt werden und die 21 Wohnungen enthalten, aber er bricht mit 20 ab und läfst 3 aus.

Die Vignetten sind in *La*, *Pa*, *Lc* gleichförmig, d. h. die Thore und die Wächter sind dieselben. In *Ba* sind, so viel sich ersehen läfst, die Thore dieselben, aber die Wächter verschiedene; in *Aa* ist jedes Thor und jeder Wächter von den vorhergehenden verschieden. Aber durch die Vignetten des 146. Kapitels bemerkenswerth ist *Pc*: ihretwegen ist das Kapitel gänzlich reproduciert worden. Kein anderer Text hat so viele merkwürdige Vignetten, aber sie sind theilweise auf Kosten der Correctheit gemacht worden. Abgesehen von offenbaren Auslassungen, wie 7, 11, 17, ist die Zählung eine irrthümliche; so steht 2 statt 12 bei dem ersten Thore der obern Abtheilung; in derselben steht auch 18 für 19; es finden sich auch Nachschriften zu dem vorangehenden Kap. 147, welches ohne Zweifel unterbrochen worden ist, weil jene schönen Vignetten im voraus gemacht waren und man doch den dazugehörigen Text schreiben mufste. Jedesfalls ist dieses Kapitel, wie es sich in *Pc* findet, einzig in seiner Art. Leider ließ es sich mit den schönen Farben, welche es im Originale hat, nicht wiedergeben. Ich hebe besonders (Taf. CLXIV) eine thronende Gottheit hervor, der sich der Verstorbene in der Begleitung des Thoth darstellt. Diese Gottheit, welche DÉVÉRIA Ammon nennt, scheint mir, nach den richterlichen Emblemen in ihrer Hand zu urtheilen, Osiris zu sein; aber selten sieht man ihn mit diesem Kopfputz angethan.

Was den Platz dieses Kapitels anbetrifft, so stellen es *Ba* und *Pc* unmittelbar vor 125 und *Ik* vor 149. In *Ba* und *Pc* folgt es auf 147, welches, wie wir sehen werden, eine Variante von 144 ist.

Kap. 147.

Mit diesem Kapitel betreten wir wieder die [hieroglyphs], welche wir aus 144 kennen. Es ist schwer zu begreifen, warum in der saïtischen Codification 144 von 147 getrennt hat, während sie 145 und 146 zusammenstellt. Auch hier liefert uns *Lc* den vollständigen Text. In Vergleich zu 144 hat das Kapitel eine wichtige Abweichung. Statt zweier Personen, des Heroldes und des Wächters, haben wir drei, außer den beiden schon bekannten einen dritten, den [hieroglyphs] -den Pförtner-, mit dem Namen, welchen in 144 die [hieroglyphs] selbst führte. Es ist sehr wohl möglich, daß zwischen den verschiedenen Texten von 147 nicht mehr Übereinstimmung bestand als in 144 in Bezug auf die Personen, die zu den einzelnen Thoren gehören. Aber was 147 von 144 besonders unterscheidet und was 147 nur als eine Erweiterung erweist, das ist der Umstand, daß zu jeder [hieroglyphs] nicht nur die drei Namen gegeben werden, sondern auch die Rede, welche der Verstorbene spricht, sowie er sich jeder nähert.

Wir haben nur drei Wiederholungen von 147, die alle drei sehr unvollkommen sind. *Ba* nennt diese Gebäude statt [hieroglyphs] vielmehr [hieroglyphs]; der Verstorbene kommt vor dem ersten an und, ohne die Namen der Insassen zu erwähnen, beginnt er mit der Rede, welche in

Lc die des zweiten ist. Indefs hatte *Ba* sie wohl dem ersten angepafst, da wir in einigen Zeichen, welche uns über dieses kleine Stück hinaus bleiben, die Nummer 2 finden. *Pc* beginnt plötzlich mitten in der 31 Z. und, indem er die die Reihenfolge der Thore angebenden Eintheilungen ausläfst, macht er aus den verschiedenen Reden eine einzige fortlaufende, bis zur letzten Zeile reichende, der er eine Nachschrift anhängt. Kleine Bruchstücke dieses Kapitels, welche *Lc* ähnlich sein mufsten, finden sich in einem Londoner Papyrus oder vielmehr unter einem Gemisch von Fragmenten, welches als No. 9962 bezeichnet wird. Das Fragment von 147, welches wahrscheinlich aus der XIX. Dynastie stammt, ist geschrieben für ⸺⸺ „den Osiris den Schreiber *Userhat*".

In *Ba* folgt dieses Kapitel auf die ⸺⸺ und geht 146 vorher; in *Pc* steht es zwischen 100 und 146; in *Lc*, welcher uns so vollständige Grundtexte geliefert hat, haben wir die folgende Reihenfolge: 100, 91, 147, 146, 109. In keinem Texte hat sich 147 hinter 146 gefunden.

Kap. 148.

In *S* ist dies Kapitel aus mehreren Bestandtheilen zusammengesetzt. Das Meiste von den sechs ersten Zeilen hat sich in 15 B III wiedergefunden. Das eigentliche Kapitel 148 beginnt erst Z. 7 mit dem Worte ⸺⸺. In dieser Form erscheint es wenigstens in den alten Papyren. Das Kapitel besteht in einer Bitte an Osiris, dafs entweder er oder die sieben himmlischen Kühe und der Stier, deren Namen er weifs, den Verstorbenen mit Lebensmitteln und andern Gütern versehen. Daher ruft er besonders diese sieben Kühe und den Stier an, darnach die vier Steuerruder, welche die vier Cardinalpuncte bezeichnen. Das veranlafst die je nach den Exemplaren mehr oder weniger vollständigen Vignetten. *Aa* und *Pe* haben nur die Kühe und den Stier ohne die Ruder, welche sich in *Lc* finden. *Ba* hat die vollständige Vignette mit dem Sanctuarium des Osiris und den beiden Anbetenden. Von den sieben Papyren, in denen sich dies Kapitel findet, konnten nur sechs benutzt werden. Von *La* ist fast nichts mehr übrig. *Ba* hat keinen Titel: nach Kap. 9 beginnt unmittelbar die Anrufung. Dieser Papyrus ist ein wenig länger als die übrigen mit Ausnahme von *Pb*, welcher ein ganzes Stück hinzufügt, die Zeilen 16—18 in *S*.

Ich habe schon erwähnt, dafs zwei Papyri, *Pc* und *Ax*, diesem Kapitel die Nachschrift mit dem Namen des Mycerinus anhängen, welche eigentlich zu 30 B gehört. Die beiden Texte sind fast vollständig gleich; die einzige erwähnenswerthe Variante ist Z. 36 [hieroglyphs]. In jedem dieser Texte ist diese Nachschrift über die Psychostasie gesetzt, und wahrscheinlich ersetzt sie hier das ganze Kap. 30 B. Das ist die einzige Andeutung, welche wir über die Stelle von 148 haben. Auch in *Ap* steht 148 sehr dicht bei 125 und ist nur durch einige Zeilen von 18 davon getrennt.

Kap. 149 und 150.

Ebenso wie 15 und 16 bilden 149 und 150 nur ein Kapitel. 150 ist nur die Wiedergabe der verschiedenen Theile von 149, obwohl jeder einzelne schon seine besondere Vignette hat. Es ist ohne Frage eines der wichtigsten Kapitel des Todtenbuchs und auf alle Fälle trotz seiner Länge eines der häufigsten, welches sich auch bis in die spätern Zeiten mit den wenigsten Abweichungen erhalten hat. Ich habe dieses Kapitel in 23 Urkunden gefunden, deren grofse Mehrzahl vollständig ist. Mit Hülfe derselben habe ich feststellen können, dafs die Kap. 149 und 150 den gewöhnlichen Schlufs der alten Papyri bilden wie auch noch der ersten hieratischen. Allenfalls folgt darauf noch 186, welches mehr eine Darstellung als ein Text ist, oder auch eine Abbildung des Westens oder manchmal ein vereinzeltes Kapitel zur Ausfüllung eines Platzes, der sonst leer geblieben wäre. Das Vorhandensein der Darstellung zu 150 ist fast immer ein Zeichen, dafs der Papyrus da zu Ende ist, so in *Ac*, *Ad*, *Ai*, *Pa*, *Pb*, *Pc*, *Pf*, *Ca* und *Cd*. Den normalen Schlufs der alten Papyri bilden 125, 136 A und B, 149 und 150. Manchmal steht 149 vor 125, wie in *Aa, Ab, Ac*: aber das ist eine Ausnahme und selbst in diesem Falle stehen die Kapitel sehr dicht bei einander.

Das 149. Kapitel bezieht sich auf die 14 Wohnungen oder [hierogl.], welche der Verstorbene kennen und an deren jede er sich wenden muſs. Jede dieser Wohnungen bildet einen besondern Paragraphen, der seine eigene Vignette hat. Selten fehlen diese Vignetten; sie gehören zu denen, welche man mit gröſster Regelmäſsigkeit selbst in den daran nicht reichen Urkunden, wie *Ca*, antrifft. Mehrere Papyri geben neben der Zeichnung der Wohnung auch ihre Farbe an, nämlich [hierogl.] „grün" oder [hierogl.] „hellgelb". In der Farbenangabe sind die Papyri fast einstimmig. Nur vier Wohnungen sind gelb: *c, i, k, o*. In den Vignetten zu 149 finden sich so wenige Varianten, daſs es unnöthig schien, sie zu berücksichtigen. Die Vignette der verschiedenen Papyri weicht von der der Basis am häufigsten darin ab, daſs sie nach der umgekehrten Richtung gewandt ist.

Es wurde schon gesagt, daſs 149 b mit 109 fast gleichlautend ist.

Obwohl die richtige Anzahl der Wohnungen 14 beträgt, so hat man das Kapitel doch, wenn es zu lang schien, mit der 10. abgeschlossen; mehrere Papyri, wie *Ad, As, Ba, Lc*, reichen nur bis zum Schlusse von *k*.

Das Kapitel fängt in der Regel ohne besondere Titel an, wie in *S*. Nur *Ba* bildet eine Ausnahme, indem er ihm einen allgemeinen Titel mit folgenden Worten giebt: [hierogl.] (das Übrige ist zerstört). Zu Anfang jeder Wohnung wiederholt sich das Verb: [hierogl.]. Andere Urkunden begnügen sich die Wohnungen, wie in *S*, zu numerieren.

Was die Darstellung zu 150 betrifft, so ist es in den meisten Zeichnungen leicht die Wohnungen von 149 wiederzufinden, ebenso auch die Gottheiten, welche sie einnehmen. Die ihnen vorangehenden vier Schlangen stellen vermuthlich die Cardinalpuncte dar. Es ist jedoch zu bemerken, daſs eine der Wohnungen fehlt oder vielmehr durch zwei andere ersetzt wird, wodurch es in 150 fünfzehn werden, während 149 nur vierzehn hat.

Kap. 151.

Das Kap. 151 ist nicht nur ein Text, sondern auch eine Abbildung. Es ist die Darstellung der Grabkammer mit allem, was sie enthält: die vier Wände, welche vertical sein sollten, sind umgestürzt und in horizontaler Projection. Im Mittelpuncte der Kammer befindet sich unter einem Baldachin die Mumie, auf welche Anubis seine Hände legt. Zu Häupten und zu den Füſsen des Todtenbettes stehen die beiden Klageweiber, Isis und Nephthys. Sie sind von dem Bette ein wenig getrennt, um einen hinreichenden Platz für die Einschiebung der Worte zu lassen, welche man sich von ihnen gesprochen denkt. Dann kommen die vier Wände, deren jede mit einem besondern Emblem verziert ist. In den durch die Wände gebildeten Ecken bemerkt man die vier Genien der Cardinalpuncte, dieselben, welche über den neben die Mumien gestellten Kanopenvasen dargestellt sind. Darunter befinden sich die *uśebti* oder *śabti* genannten Figürchen mit den begleitenden Inschriften: eins hat ausnahmsweise einen Anubiskopf. Endlich gewahrt man auch, entweder unter dem Todtenbette oder an den Seiten, den Vogel mit Menschenkopf, ⟨hieroglyph⟩, der nach Kap. 89 zum Körper gehört und damit vereinigt werden soll. Man sieht aus der Darstellung wohl, daſs die Inschriften das Wichtigste und die Zeichnungen nebensächlich sind. Um die Varianten deutlicher bezeichnen zu können, habe ich jede der Legenden oder Inschriften mit den in der folgenden Übersicht befindlichen Buchstaben bezeichnet.

  a. Rede des Anubis über der Mumie ⟨hieroglyph⟩ etc.
  b. Rede der Isis.
  c. Rede der Nephthys.
  d. Legende der kleinen Statuette.
  e. Legende des ⟨hieroglyph⟩.
  f. Legende der Flamme.
  g. Legende des liegenden Schakals.
  h. Worte der beiden ⟨hieroglyph⟩.

i. Legende der beiden [hieroglyphs].
k. Worte des [hieroglyphs].
l. Worte des [hieroglyphs].
m. Worte des [hieroglyphs].
n. Worte des [hieroglyphs].

Die ganze Scene hat *S* sehr abgekürzt und nur einen kleinen Theil beibehalten. In der grofsen Darstellung der alten Texte kommen, weil die Inschriften ein wenig durch einander angeordnet sind und besonders weil die der vier Wände nicht in derselben Richtung laufen, oftmals Copiefehler vor; manchmal ist ein Fragment an der unrichtigen Seite angefangen, wenn auch das Kapitel im Ganzen nicht incorrect ist. Es kommt auch vor, dafs ein Theil der Darstellung oder dafs eine Inschrift ausgelassen ist.

Die Darstellung fand sich mehr oder weniger vollständig in sechs Papyren: *Af*, *Pe*, *La*, *Pc*, *Pj* und *Cc*; zwei Papyri, *Pb* und *Aa*, haben nur einen Theil davon. *Pb* (Taf. CLXXXII) vereinigt zu einer Gruppe unter dem allgemeinen Titel [hieroglyphs] vier Sectionen von 151: *d*, *e*, *f*, *g*, denen er Kap. 156 und 155 hinzufügt. *Aa* hat nur die zweimal wiederholten Worte des Anubis, woraus er zwei Kapitel macht, jedes mit einem besondern Titel. Diese Kapitel sind unter 151a *bis* und 151a *ter* aufgenommen und, da sie vollständiger sind als *Af*, so ist 151a *bis* als Grundtext gewählt worden. Die Zahl der Urkunden ist für die verschiedenen Abschnitte eine sehr verschiedene. Mehrmals habe ich auch einen Papyrus unberücksichtigt lassen müssen, weil er in diesem oder jenem Abschnitte fehlerhaft war. Oftmals ist auch ein andrer Grundtext genommen als *Af*, wenn nämlich andere Papyri länger sind oder wenn, wie bei *g*, die religiöse Formel in *Af* fehlt.

Die Formel *i* ist die des 6. Kapitels, aber nicht alle Papyri haben sie doppelt. In *Af* ist das Exemplar zur Rechten sehr fehlerhaft. Im allgemeinen kommen zwischen den beiden Versionen desselben Exemplars Varianten nicht vor. Alle auf S. 434 zusammengestellten Versionen gehören zu 151, mit Ausnahme von *Ae*, welcher ein vereinzeltes Kapitel bildet, und dessen Vignette im 6. Kapitel als Variante der von *Aa* wiedergegeben ist. Aber während der Text in *Aa* ausführlicher ist, gleicht der von *Ae* sehr dem 151. Kapitel und ist deshalb hierher gesetzt.

Die Stelle des 151. Kapitels ist, so viel sich erkennen läſst, in der ersten Hälfte der Papyri, d. h. ziemlich weit vor 125 und 149. In *La* steht es zwischen 15 B III und den [hieroglyphs], in *Pj* geht es diesen voraus und in *Pc* findet es sich vor 15 B III. Der Papyrus *Af*, der in der Zusammensetzung von den übrigen abweicht, fängt mit 151 an.

Kap. 152.

Ist ohne die Nachschrift, welche es in *S* hat. Es findet sich nur in drei Papyren. In *Ik* ist es das erste Kapitel und steht vor 138; in *Pb* zwischen 71 und 93 und in *Pa* zwischen 123 und den [hieroglyphs].

Kap. 153 A und B.

Kapitel mit zwei Versionen. Die erstere, 153 A, ist die in *S* vorhandene; den Titel, welcher in der Basis *Pb* fehlt, liefern die parallelen Texte. Es ist „das Kapitel aus dem Netze hervorzugehen" — wiederum ein Kapitel von Benennungen; der Verstorbene versichert die mystischen Namen für jeden Bestandtheil des Netzes zu kennen. Wegen der groſsen Ähnlichkeit des Textes habe ich die Bezeichnung 153 B einem nur in *Pb* vorkommenden Kapitel gegeben, wo die Fischer durch die vier Kynokephalen vertreten werden. Mehrere Namen lauten in den beiden Kapiteln gleich.

Kap. 153 A ist selten und kommt in drei, sehr guten Papyren vor; schade, daſs von *Ae* so wenig erhalten ist. In *Aa* steht es zwischen 58 A und 17, in *Pb* zwischen 39 und 64. Kap. 153 B, welches dem letztgenannten Papyrus entnommen ist, findet sich viel näher am Ende, zwischen 138 und 151.

Kap. 154.

Ich hatte lange die Hoffnung dieses Kapitel aufzufinden aufgegeben, als ich es auf der Leinewand Thothmes III in einem horizontalen Streifen, der die verticalen Abtheilungen trennt, entdeckte. Dieser Streifen ist in Hieroglyphen geschrieben, die in entgegengesetzter Richtung laufen, was erklärlich ist. Die Zeichen werden jedoch niemals anders als nach rechts blickend geschrieben. Da das Kapitel des Streifens links anfängt, gerade da wo die verticalen Columnen der darunter stehenden Kapitel anfangen, so mußte es nothwendigerweise in entgegengesetzter Richtung geschrieben werden, und das ist keineswegs Willkür. Daß wir dieses Kapitel 154 nur hier gefunden haben, erklärt sich wohl daraus, daß man es lieber auf Mumienleinwand als auf Papyrus schrieb.

Kap. 155 bis 160.

Mit 155 beginnt *S* eine Reihe kleiner Kapitel über die Amulette, welche in den alten Papyren viel seltener sind als in den späten und sich daher nicht alle wiedergefunden haben. Da diese Texte schon auf die Amulette selbst geschrieben wurden, so hielt man es wahrscheinlich für unnöthig, sie noch in Papyren zu wiederholen. Der Papyrus Busca *Ik* ist an Kapiteln dieser Art besonders reich und liefert einige inedite. Bei der Beschreibung dieser Urkunde ist gesagt worden, warum man von ihrer Wiedergabe Abstand nehmen mußte.

Fast immer stehen diese Kapitel zusammen; so findet sich in *Ia* eine aus 155, 156, 160 und dem verwandten Kap. 6 bestehende Reihe. In *Pb* folgt auf 153B, wie wir gesehen haben, die Taf. CLXXXII reproducirte Gruppe, die außer vier Abschnitten von 151 noch 156 und 155 enthält. In *Ik* folgen auf 144, 146 und 149 die Kapitel 29B und 30B und darauf als Schluß des Papyrus 9 Kapitel, welche sämmtlich Amulette betreffen. In *Ab* kommt nur 156 zwischen 100 und 144 vor. In *Fa* sind 155 und 156 zwischen 90 und 112 eingeschoben.

Kap. 155 ist das Kapitel vom 𓊽, welches sich von dem in 151 dadurch unterscheidet, dafs es von Gold ist.

Kap. 156 ist das von der Schleife (vergl. MASPERO, le chapitre de la boucle, Comptes rendus de l'Académie des Inscriptions et Belles Lettres 1871).

Kap. 157 und 158 weichen in Ik von S erheblich ab, sind aber zu incorrect, um herzugezogen werden zu können.

Kap. 159 fehlt; nach S bezieht es sich auf dasselbe Amulet wie 160.

Kap. 160 ist das Kapitel vom 𓊽, welches hier die Form eines Ziegels hat.

Kap. 161.

Das Kapitel von den vier Winden hat sich nur einmal in Pb gefunden, zwischen 155 und 174, welches letztere vor 110 steht.

Kap. 162 bis 165.

Findet sich niemals in den alten Texten, noch auch, so viel ich weifs, in den ersten hieratischen. Es sind Compositionen neuern Datums und, nach den vielen seltsamen Worten, welche sie enthalten, zu urtheilen, fremden Ursprungs oder lassen doch wenigstens fremde Einflüsse erkennen.

In der Anordnung der neuen Kapitel habe ich die auf die vorangehende Gruppe der Amulette bezüglichen vorangestellt und dann alles die heiligen Gegenstände und die Opfergaben Betreffende angeschlossen.

Kap. 166.

Das Kapitel von der Kopfstütze ist Ag entnommen, nach dem es von BIRCH publiciert worden ist[1]). Dieser Text, welcher aus S ver-

---

[1]) Ägyptische Zeitschrift 1868 p. 52.

schwunden ist, kommt schon im Mittlern Reiche vor¹). In Kapitel 151 a
bis (Taf. CLXXIV) wird die Stütze unter dem Kopfe der Mumie abgebildet.
Daher findet sich dieses Kapitel auch zwischen 151a bis und 151a ter.

Kap. 167.

Das Kapitel „vom Bringen des ufa" ist ein kurzes, welches sich
nur in Aa findet, wo es vor 63 und hinter 180 steht; das letztere trennt
es von 151a ter und 166.

Kap. 168 A und B.

Ein ganz eigenartiges Kapitel, dessen beide Versionen sich namentlich in der Länge beträchtlich unterscheiden. Sie sind chronologisch geordnet, da 168 A die ältere ist. Um mehrerer Klarheit willen betrachten wir jedoch zunächst 168 B. Es giebt noch eine dritte Version in Be, von der freilich nur kleine Bruchstücke erhalten sind, deren Varianten wir aber anführen werden.

Wenn man von 168 B ausgeht, so sieht man, daſs das Kapitel aus drei übereinander gesetzten Abtheilungen besteht. Die mittlere enthält lediglich Vignetten, von denen jede vier Columnen des obern und des untern Textes entspricht. Oben findet sich zunächst der Name des Wesens oder der Wesen, welche die Vignette darstellt, sodann eine Bitte zu Gunsten des Verstorbenen. So Z. 1 [hieroglyphs] etc. . . . „die, welche sich vor Ra niederwerfen und welche den Göttern der Tiefe Opfer darbringen, mögen sie dem Osiris X. gewähren in Frieden im Dienste des Ra zu sein". Der Dativus (n) ist, abgesehen von dem ersten Falle, wie man sieht, durch die Präposition [hieroglyphs] ausgedrückt. Die Vignette stellt eins dieser anbetenden Wesen dar, an welches man sich soeben gewandt hat. Darunter steht ein Text, der immer mit derselben Formel beginnt und dessen Varianten die folgenden sind:

¹) LEPSIUS, Älteste Texte. Taf. VI.

Bd 𓏞 𓅆𓏏𓏤𓈖𓏌𓏌𓏌 𓎺 𓇋𓏤 𓂋𓇋𓇋 𓁹 N.

Af 𓏞 𓅆𓏏 𓇾𓏤𓏤 𓏌𓏌𓏌 𓎺 𓇋𓏤 𓂋

Be 𓏞 𓅆𓏏𓏤𓈖𓏌𓏌𓏌 𓎺 𓇋𓏤 𓂋𓇋𓇋 N.

Aus den beiden letzten Texten ergiebt sich, daſs eine passivische Form vorliegt; wörtlich: „es ist gemacht ihnen die Libation eines Gefäſses auf Erden durch den Osiris N."; anders gesagt: „wann ihnen gemacht wird auf der Erde die Libation eines Gefäſses durch den Osiris N." Was daraus folgt, deutet das letzte Satzglied an: 𓅓𓇋𓇋𓆑𓂝𓏤𓈖 𓀀𓊪𓈖 „dann ist er im Dienste des groſsen Gottes, des Herrn der Amenthes". Dies ist der Nachsatz zu dem bedingenden 𓇋𓇋𓈖 etc. — ohne Zweifel, da in *Be* die Folge immer durch 𓂝𓂝 eingeführt wird. Dieser Text würde von den dreien der beste gewesen sein, aber nur der untere Theil ist davon erhalten, auch ist er sehr unvollständig. Nach den Überresten zu urtheilen, war die Zahl der angerufenen Gottheiten gröſser als in *Bd* und folglich auch die der Wohlthaten, welche das Ergebniſs dieser Libationen bildeten. Ich lasse alles, was von dem Papyrus erhalten ist, hier folgen; er liefert nach unserer obigen Beschreibung zwei Mannesnamen mit demselben Titel und einen Frauennamen. Zwischen den mit 𓂝𓂝 beginnenden Nachsätzen stehen regelmäſsig die beiden von mir nur einmal copierten Zeilen, immer im gleichen Wortlaut.

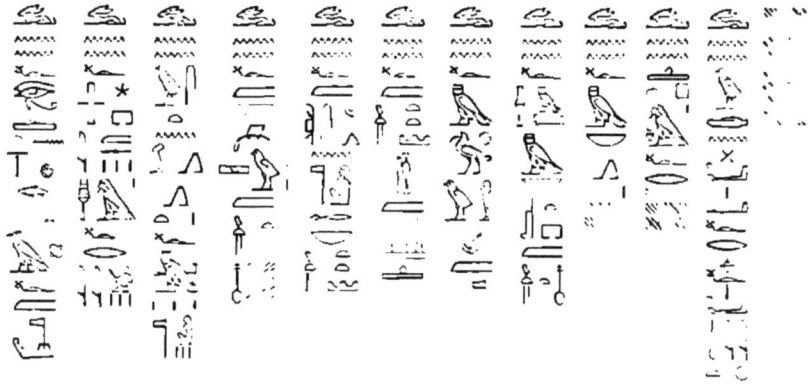

In Kap. 168 A, welches dasselbe, nur viel kürzer ist, steht die ganze Inschrift in einer einzigen Abtheilung; der Name der Verstorbenen fehlt hier. Der Satz über die Libation [hierogl.] etc. fängt immer oben mit der Zeile an; darnach ist der Folgesatz und der folgende Name des Gottes ohne Unterbrechung geschrieben. Man wird die Variante [hierogl.] für [hierogl.] bemerken. Da *Bd* und *Be* keinen weiteren Text enthalten, so läfst sich die Stelle dieses Kapitels nicht angeben. In *M* steht es zwischen 174 und 15 B III. Es ist das vorletzte Kapitel.

Kap. 169 und 170.

Sind zwei merkwürdige Kapitel, die ohne jede Vignette auf einander folgen. Sie sind uns nur aus *Pb* bekannt. Das eine ist das Kapitel „das Bett aufzustellen" und das andere „das Bett zu heben". In *Pb* stehen sie unmittelbar hinter den Elysischen Gefilden und vor 99.

Kap. 171.

Ein Kapitel, welchem ich einen thebaischen Ursprung zugeschrieben habe, weil in der Anrufung, mit der es beginnt, die Götter Menthu und Ammon und die Stadt Theben genannt werden. Diese Götter sollen dem Verstorbenen ein [hierogl.] „ein gereinigtes oder heiliges Kleid" gewähren. Wir besitzen zwei Versionen dieses Kapitels, *Cc* und *Ax*. In *Ax* steht es zwischen 86 und 133, in *Cc* hinter 144 und vor 141—3.

Kap. 172.

Mit diesem Kapitel schliefst der schöne Papyrus *Aa*. Vielleicht mufs man für dieses Stück einen memphitischen Ursprung in Anspruch nehmen. Ich habe dieses Kapitel in der Zeitschrift 1873, p. 25 und 81 publiciert und übersetzt.

Kap. 173.

Diesen langen Text liefert uns wiederum *Aa*, der ihn zwischen 96—97 und 100 mit darauf folgenden 155 und 156 stellt. Ich habe ihn gleichfalls unter dem Titel „Discours d'Horus à Osiris" veröffentlicht (Zeitschrift 1875, p. 89).

Hiernach kommen wir zu einer Gattung von Kapiteln, die sich nicht mehr auf Amulette, heilige Gegenstände und Opfer beziehen, sondern auf Handlungen, die der Verstorbene zu vollbringen, und auf Vorrechte, die er sich zu erwerben hat.

Kap. 174.

Dieses Kapitel ist betitelt: „der Ausgang aus der grofsen Pforte des Himmels". Es findet sich in zwei Exemplaren, deren eines, *Pb*, ohne Titel ist. Es steht hier zwischen dem Kapitel von den Winden 161 und der Einleitung zu den Elysischen Gefilden. In *Af* folgt es auf die funeräre Scene von 182 und geht 168 vorher.

Kap. 175.

Ein langes Kapitel, welches betitelt ist: „das Kapitel nicht aufs neue in dem Cherneter zu sterben". Es ist sehr zu bedauern, dafs es uns nicht in einem bessern Zustande überkommen ist. Es beginnt mit einem Zwiegespräch. Der Verstorbene fragt zuerst Thoth: [hieroglyphs] „wer sind die, welche die Kinder der Nut sein müssen?" Darnach redet er Tum an. In weiterm Verlaufe finden sich die Überbleibsel einer in Heracleopolis spielenden mythologischen Episode. Dieses Kapitel findet sich nur in *Lb*, wo es seinen Platz zwischen 99 und 149 hat.

Kap. 176.

Ein kleines Kapitel mit gleichem Titel wie das vorige und aus sonst vorkommenden Satzstücken zusammengesetzt. Es wird durch *Ca* geliefert, der es zwischen 72 und 125 stellt.

Kap. 177 und 178.

Zwei zusammengehörige Kapitel, die nur in *Aa* vorkommen. In dem ersten handelt es sich mehr um den immateriellen Theil der Existenz: „das Kapitel den [hieroglyphs] wieder aufzurichten und die Seele wieder zu beleben", während im andern davon die Rede ist „den Körper wieder aufzurichten, ihm Augen und Ohren zu geben, ihm einen Kopf aufzusetzen und ihn auf seine Unterlage zu setzen". In diesem Kapitel findet sich Z. 32 die Inschrift vom Sarcophage des Mycerinus. Diese beiden Kapitel folgen unmittelbar auf 110 und sind von 180 nur durch 106 geschieden.

Kap. 179.

Ein Kapitel mit einem sehr dunklen Titel, welches sich nur in zwei Exemplaren findet. In *Aa* steht es ziemlich nahe am Ende zwischen 41 und 136, in *Ab* oder vielmehr in dem in Bologna befindlichen Theile dieses Papyrus (*Ic*) ist es unmöglich seinen Platz zu bestimmen.

Kap. 180.

Die folgenden Kapitel weichen in ihrem Character von den vorhergehenden einigermaßen ab. Es sind besonders Hymnen an die Götter der Amenthes und an Osiris. Kap. 180 bietet sich uns in vier Versionen dar. Zwei einander sehr ähnliche enthält *La* und zwar die eine zwischen 106 und 109 und die andere etwas weiterhin zwischen 151a *ter* und 167. Diese beiden Versionen sind in verkehrter Richtung copiert und ließen sich nicht gebrauchen. Der eigentliche Titel findet sich am Ende: [hieroglyphs]. Da also dieses Kapitel ohne Titel beginnen würde, so hat man ihm einen andern vorgesetzt: [hieroglyphs] „das Kapitel von den Ziehungen". Die zweite dieser Versionen ist nach DÉVÉRIA von PIERRET veröffentlicht worden [1]).

Kap. 180 bildet einen Theil des letzten Stückes der Sonnenlitanei [2]). Es ist also ein Text, der nicht dem Todtenbuche allein angehörte. Außer *La* haben wir zwei Versionen davon: die correctere und vollständigere ist die in *Pa*, welche ganz am Anfange des Papyrus hinter der Anbetung des Osiris und vor 54 steht; die andere viel kürzere, die nur bis zu Z. 13 reicht, findet sich in *La* zwischen 18 und 181, auf welches 15B III folgt.

Kap. 181.

In *La* folgt 181 unmittelbar auf 180. Nach einem langen Titel, wie wir deren in dem Buche viele angetroffen haben, beginnt das Kapitel selbst mit einem Gebet zu Osiris. Die große Ähnlichkeit zwischen *La* und *At* hat uns ermöglicht ein Kapitel zu identificieren, von dem *At* nur das Ende erhalten hat, mit einem Vignettenfragmente darüber, in welchem man den Löwen und den Geier und über jedem von beiden eine Schlange sieht. Das Bruchstück gehört zu diesem Kapitel.

---

[1]) Etudes Egyptologiques, p. 85.
[2]) Litanie du soleil, pl. XV, 45 — XVIII, 76.

Wir finden dasselbe auch in *Ia*, wo es zwischen unbekannten Zeilenfragmenten und 79 steht. In *Ia* ist das Kapitel, wie man bemerken wird, viel länger. Ein ganzes langes Stück findet sich in den andern Papyren nicht und ist auf Taf. CCVI als Fortsetzung von 181 vollständig wiedergegeben worden. In *At* läfst sich die Stelle dieses Kapitels nicht erkennen. In *La* folgt es auf 180, mit dem es eine Gruppe bildet.

Kap. 182.

Dieses Kapitel ist betitelt „das Buch zu befestigen Osiris, dem Leichname die Hanche zu verleihen, während Thoth den Feinden des Osiris widersteht". Es ist ein grofser Hymnus, den man sich von Thoth gesprochen denkt und der gröfstentheils an Osiris selbst gerichtet ist. Es folgt darauf eine funeräre Scene, in welcher man den Todten auf seinem Leichenbette unter einem Baldachin ausgestreckt sieht. Neben ihm stehen die beiden göttlichen Klageweiber und die Götter der Cardinalpuncte; darüber und darunter stehen oder sitzen Genien, welche Messer halten, Schlangen und Eidechsen. Dieses Kapitel ist dem merkwürdigen Papyrus *Af* entnommen, der uns so viele inedite geliefert hat. Es ist das zweite Kapitel dieser Urkunde und steht gleich hinter 151 und vor 174. Ohne die funeräre Scene kommt dieses Kapitel auch in *Ia* vor und zwar zwischen zwei Fragmenten, welche beide zu der Sonnenlitanei gehören. Der Papyrus ist an dieser Stelle sehr schadhaft.

Kap. 183.

Noch ein Hymnus des Thoth an Osiris, dem vorhergehenden nahe verwandt; da er indessen ausführlicher ist, so mufste er als besonderes Kapitel eingestellt werden. Er ist *Ag* entnommen, in dem er zwischen 16A und der Psychostasie steht.

Kap. 184.

Ein sehr kleines Stück eines unedierten Kapitels aus dem Papyrus Czartoryski, dessen Stelle sich bei der Verworrenheit dieser Urkunde unmöglich angeben läfst.

Kap. 185.

Von der Anbetung des Osiris, die sich in sehr vielen Papyren findet, durfte ein Beispiel nicht fehlen. Die Abfassung dieses Kapitels blieb der Einbildungskraft des Schreibers überlassen, denn die Worte sind fast immer verschiedene. Ich habe zu diesem Behufe einen der vollständigsten Texte ausgesucht, jenen, mit welchem der Papyrus *Pd* beginnt. Ohne Zweifel steht dieses Stück in der grofsen Mehrzahl der Fälle am Anfange des Papyrus; aber es kommt auch vor, dafs es am Ende vor der Darstellung der Kuh des Westens angehängt ist; in Sonderheit ist das der Fall in *La*, dessen Vignette als Variante gegeben worden ist.

Kap. 186.

Wenn die Papyri nicht mit Kap. 150 schliefsen, so enden sie meist mit der unter 186 gestellten Darstellung, von der ich vier Beispiele zusammengestellt habe. Der Verstorbene steht anbetend vor Hathor unter der Form eines weiblichen Nilpferdes, hinter welchem die aus dem Berge des Westens hervortretende Kuh *Mehurt* erscheint. Der begleitende Text konnte wie der der Anbetung des Osiris nach dem Belieben des Schreibers verschieden sein. PIERRET hat den Text des Papyrus *Da* publiciert[1]). Aufser den vier hier abgebildeten Darstellungen finden sich einige Fragmente in *Ba*. Bemerkenswertherweise haben nur *Ba* und *Lb* die Kapitel 149 und 186, aber in beiden Urkunden ist 149 nicht vollständig und 150 fehlt.

---

[1]) Etudes Egyptologiques, p. 83.

Hieroglyphisches Verzeichnifs der Kapitel.

Die eingeklammerten Titel sind aus dem Turiner Papyrus ergänzt.

Kap. 1. [hieroglyphs]

Kap. 1A. [hieroglyphs]

Kap. 2. [hieroglyphs]

Kap. 3. Ohne Titel. [hieroglyphs]

Kap. 4. Fehlt. [hieroglyphs]

Kap. 5. [hieroglyphs]

Kap. 6. [hieroglyphs]

Kap. 7. [hieroglyphs]

Kap. 8. [hieroglyphs]

Kap. 9. [hieroglyphs]

Kap. 10. Siehe 48.

Kap. 11. Fehlt. [hieroglyphs]

Kap. 12. [hieroglyphs]

Kap. 13.	[hieroglyphs]
Kap. 14.	[hieroglyphs] N.
Kap. 15 A I.	[hieroglyphs]
Kap. 15 A II.	id.
Kap. 15 A III.	id.
Kap. 15 A IV.	id.
Kap. 15 B I.	[hieroglyphs]
Kap. 15 B II.	[hieroglyphs]
Kap. 15 B III.	[hieroglyphs] etc.
Kap. 16 A.	Ohne Titel.
Kap. 16 B.	id.
Kap. 17.	[hieroglyphs] N. [hieroglyphs]
Kap. 18.	Ohne Titel. [hieroglyphs] etc.
Kap. 19.	Fehlt. [hieroglyphs]
Kap. 20.	Ohne Titel. [hieroglyphs] etc.
Kap. 21.	Fehlt. [hieroglyphs]
Kap. 22.	[hieroglyphs] N. [hieroglyphs]
Kap. 23.	[hieroglyphs] N. [hieroglyphs]

Kap. 24.	[hieroglyphs] N. [hieroglyphs]
Kap. 25.	[hieroglyphs] N. [hieroglyphs]
Kap. 26.	[hieroglyphs] N. [hieroglyphs]
Kap. 27.	[hieroglyphs] N. [hieroglyphs]
Kap. 28.	[hieroglyphs] N. [hieroglyphs]
Kap. 29 A.	[hieroglyphs] N. [hieroglyphs]
Kap. 29 B.	[hieroglyphs]
Kap. 30 A.	[hieroglyphs] N. [hieroglyphs]
Kap. 30 B.	[hieroglyphs] N. [hieroglyphs]
Kap. 31.	[hieroglyphs] N. [hieroglyphs]
Kap. 32.	[hieroglyphs]
Kap. 33.	[hieroglyphs]
Kap. 34.	[hieroglyphs]
Kap. 35.	[hieroglyphs] N. [hieroglyphs]
Kap. 36.	[hieroglyphs]
Kap. 37.	[hieroglyphs]
Kap. 38 A.	[hieroglyphs]
Kap. 38 B.	[hieroglyphs]
Kap. 39.	[hieroglyphs]
Kap. 40.	[hieroglyphs]
Kap. 41.	[hieroglyphs]

Kap. 42.
Kap. 43.
Kap. 44.
Kap. 45.
Kap. 46.
Kap. 47.
Kap. 48.
Kap. 49. Fehlt.
Kap. 50.
Kap. 51. Fehlt.
Kap. 52. Fehlt.
Kap. 53.
Kap. 54.
Kap. 55.
Kap. 56.
Kap. 57.
Kap. 58. Fehlt.
Kap. 59.
Kap. 60. 61.
Kap. 62.
Kap. 63 A.

Kap. 63B.	[hieroglyphs]
Kap. 64.	[hieroglyphs]
Kap. 65.	[hieroglyphs]
Kap. 66.	[hieroglyphs]
Kap. 67.	[hieroglyphs]
Kap. 68.	[hieroglyphs]
Kap. 69.	[hieroglyphs]
Kap. 70.	[hieroglyphs]
Kap. 71.	[hieroglyphs]
Kap. 72.	[hieroglyphs]
Kap. 73.	Siehe 9.
Kap. 74.	[hieroglyphs]
Kap. 75.	[hieroglyphs]
Kap. 76.	[hieroglyphs]
Kap. 77.	[hieroglyphs]
Kap. 78.	[hieroglyphs]
Kap. 79.	[hieroglyphs]
Kap. 80.	[hieroglyphs]
Kap. 81.A.	[hieroglyphs]
Kap. 81B.	[hieroglyphs]
Kap. 82.	[hieroglyphs]
Kap. 83.	[hieroglyphs]

Kap. 84.

Kap. 85.

Kap. 86.

Kap. 87.

Kap. 88.

Kap. 89.

Kap. 90.

Kap. 91.

Kap. 92.

Kap. 93.

Kap. 94.

Kap. 95.

Kap. 96—7.

Kap. 98.

Kap. 99. Einl.

Kap. 99.

Kap. 100 (129).

Kap. 101. Fehlt.

Kap. 102.

Kap. 103.	[hieroglyphs]
Kap. 104.	[hieroglyphs]
Kap. 105.	[hieroglyphs]
Kap. 106.	[hieroglyphs]
Kap. 107.	Fehlt. [hieroglyphs]
Kap. 108.	[hieroglyphs]
Kap. 109.	[hieroglyphs]
Kap. 110.	[hieroglyphs] etc.
Kap. 111.	Siehe 108.
Kap. 112.	[hieroglyphs]
Kap. 113.	[hieroglyphs]
Kap. 114.	[hieroglyphs]
Kap. 115.	Fehlt. [hieroglyphs]
Kap. 116.	[hieroglyphs]
Kap. 117.	[hieroglyphs]
Kap. 118.	[hieroglyphs]
Kap. 119.	[hieroglyphs]
Kap. 120.	Siehe 12.
Kap. 121.	Siehe 13.
Kap. 122.	Fehlt. [hieroglyphs]

Kap. 123.

Kap. 124.

Kap. 125. Einleitung.

Kap. 125. Confession. Ohne Titel 𓀀 etc.

Kap. 125. Schlufsrede.

Kap. 126. Ohne Titel.

Kap. 127 A.

Kap. 127 B.

Kap. 128. Fehlt. [⋆ ...]

Kap. 129. Siehe 100.

Kap. 130.

Kap. 131. Fehlt. [...]

Kap. 132.

Kap. 133.

Kap. 134.

Kap. 135. Fehlt. [...]

Kap. 136 A.

Kap. 171.

Kap. 172.

Kap. 173.

Kap. 174.

Kap. 175.

Kap. 176.

Kap. 177.

Kap. 178.

Kap. 179.

Kap. 180.

Kap. 181.

Kap. 182.

Kap. 183.

Kap. 184.

Kap. 185.

Kap. 186.

Zusätze und Berichtigungen.

Band I.

Taf. LXXV, Z. 17 statt [hieroglyph] lies [hieroglyph].

Taf. CIV, untere Vignette, statt *Pc* lies *Pb*.

Taf. CXXXI, Z. 3 unten statt [hieroglyph] lies [hieroglyph].

Taf. CLIV. Die römischen Ziffern oben sollten über der zweiten horizontalen Linie stehen.

Taf. CLXXIII. Der Buchstabe *a* sollte in der linken Ecke des Baldachins stehen, er gehört zu der mit [hieroglyph] anfangenden Inschrift.

Band II.

Taf. 6, *Da bis*. Hier ist eine gebrochene Linie von derselben Länge wie in *Da* hinzuzufügen.

Taf. 21, Z. 1. *Pb* statt [hieroglyph] lies [hieroglyph].

Taf. 39, Z. 13, *Aa* lies [hieroglyph].

Taf. 102, Kap. 35, zweite Reihe, neben *Ph* ist *Ax* hinzuzufügen.

Taf. 123, Kap. 50, Z. 5, *Ae* lies [hieroglyph].

Taf. 133, Z. 17 *Aa* statt [hieroglyph] lies [hieroglyph].

Taf. 139, *Pb* hinter „Ende" ist hinzuzufügen: [hieroglyph] Kapitel 30 B.

Taf. 144—147 statt *Cc* lies *Cd*.

Taf. 229, Z. 36 *Lb* lies [hieroglyph].

Taf. 245, letzte Reihe, statt *Pf* lies *Ia* und füge *Pf* rechts hinzu.

Taf. 305, Z. 34 *Pe* hinzufügen: [hieroglyph].